Ralph Goldschmidt

Shake your Life

Liebe Claudia,
viel Spaß damit,
Ralph

Okt. 2017

Viel Spaß beim
Lesen und Shaken
wünscht Ihnen
Ihr Ivanti Team

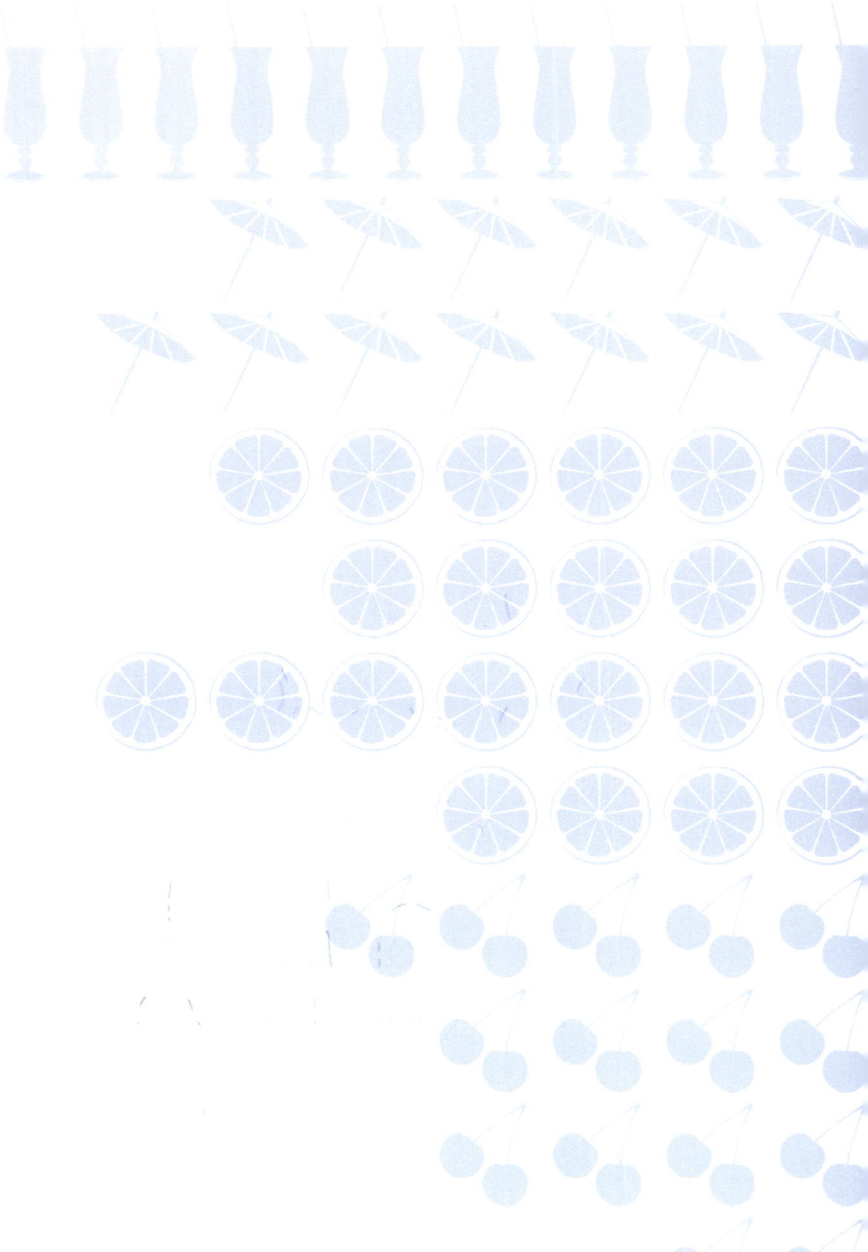

Ralph Goldschmidt

Shake your Life

Der richtige Mix aus Karriere, Liebe, Lebensart

GABAL

Die Deutsche Nationalbibliothek
verzeichnet diese Publikation in
der Deutschen Nationalbibliografie;
detaillierte bibliografische
Daten sind im Internet über
http://dnb.d-nb.de abrufbar.

Firmenausgabe der unter der
ISBN 978-3-86936-107-9
erschienenen Verlagsausgabe.

Lektorat Ute Flockenhaus, GABAL Verlag
Umschlaggestaltung,
Satz und Layout
Martin Zech Design, Bremen,
www.martinzech.de
Umschlagfoto
Birgit Bernt, Berlin, www.media-b.de
Kleine Umschlagfotos
Steve Allen, Brand X Pictures/getty images
gbh, www.morguefile.com
Cornerstone, www.pixelio.de
Druck und Bindung
Salzland Druck, Staßfurt

4. Auflage 2015
www.gabal-verlag.de

Vorwort

Hi! Und bei dir?

Die Handschuhe fühlen sich innen rau an.

Ich packe die Schere, trete zur nächsten Rebe und schneide sie runter. Mein Atem bildet eine weiße Wolke. Eine gesunde, kräftige Rebe lasse ich stehen. Ihr traue ich zu, viel zu tragen. Ich lasse nicht zwei stehen, ich will nicht auf Menge produzieren. Sondern auf allerhöchste Qualität. Es geht um Kraft, um Energie. Am Ende um Geschmack und Charakter. Nicht um möglichst viele Liter. Es geht um mehr als mehr.

Die Rebe lasse ich etwa 80 cm lang, sie steht senkrecht nach oben. Das Restholz wird runtergeschnitten. Was bleibt, ist die Rebe, der Stock und die Wurzel.

Ich atme die schneidend kalte Luft ein. Und schaue mich um. Ich stehe in einem Steilhang – in meinem Steilhang. Unter mir windet sich die Mosel, die Sonnenstrahlen lassen das Wasser glitzern. Die niedrig stehende Sonne hat noch nicht ihre volle Kraft, aber sie ist gleißend hell, ich muss die Augen zukneifen, wenn ich in den stahlblauen Himmel schaue.

Aus den Trauben dieser Rieslingreben wird einmal Sekt werden. Und mit diesem Winzersekt werden Menschen miteinander anstoßen. Auf ihre Erfolge, auf ihre Pläne und Hoffnungen, auf ihr Glück. Vielleicht ein Liebespaar bei Kerzenschimmer. Vielleicht ein stolzer junger Mann, der mit seinen Freunden auf den nächsten Karriereschritt anstößt. Vielleicht eine alte Dame, die zum Geburtstag mit ihren Gästen das Glas erhebt und ihre Jahrzehnte vor dem inneren Auge Revue passieren lässt.

Am Horizont biegt die Mosel um die Ecke. Wenn in Hollywood ein Moselwinzerfilm den Oscar als beste ausländische Filmproduktion gewinnen würde, dann wäre genau dieses Bild die Eröffnungsszene.

Absurder Gedanke. Ich muss laut lachen und gehe einen Schritt weiter, zur nächsten Rebe.

1 Double Vision

Geld Beziehung Sinn

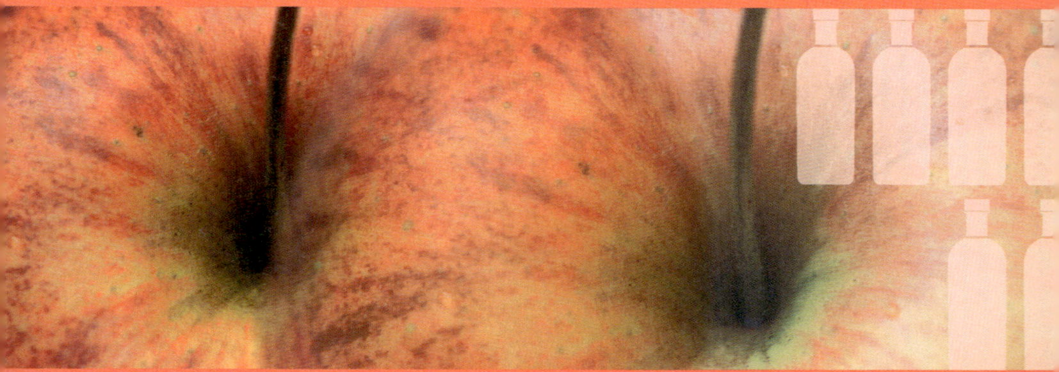

3 cl schwedischer Wodka Blackcurrant
3 cl dänischer Wodka Citron
4 cl klarer Apfelsaft (Direktsaft)
3 Spritzer Angostura Bitter

»Einen Blue Lagoon, bitte.« »Aber gerne.«

Blue Lagoon – Wodka und Curaçao. Ich öffne den Kühler.

»Oder ... Moment«, sagt der Gast mit scharfer Stimme. »Nein, bitte lieber einen Caipirovka.«

»Genauso gut. Kommt sofort.«

Ich nehme also nur den Wodka raus, schließe den Kühler. Caipirovka. Ich greife nach den Limetten und meinem scharfen Messer.

»Oh, halt! Tut mir leid. Jetzt weiß ich's. Ich hätte lieber gerne einen Double Vision. Geht das?«

»Mein lieber Freund!« Ich lege das Messer hin, lege die Limetten zurück in den Alessi und lache ihn offen an. »Natürlich geht das. Ich warte auch gerne noch eine Weile. Könnte ja sein, dass Ihnen noch 'ne andere Idee kommt.«

»Nein. Nein. Keine Sorge. Ich bleib dabei.« Er schaut mich verblüfft an.

»Okay.« Ich zwinkere ihm zu. »Dass Wodka drin sein soll, das scheint ja jedenfalls ausgemacht. Wollen Sie einen Wodka pur? Das wäre die sichere Lösung.«

Jetzt lächelt er. »Njet. Danke. Sorry, ich unterschreib Ihnen auch gerne ein Formular. Ich will wirklich einen Double Vision. Der passt gerade am besten.«

Was meint er damit? Double Vision passt am besten? Eins liegt auf der Hand: Der Typ sieht im Moment irgendwie nicht klar.

»Gut. Dann mache ich's Ihnen leicht. Sie haben hier ab sofort eine persönliche Getränkekarte, die ist speziell für Sie. Und auf der steht nur ein Getränk: Double Vision. Sie können also bestellen, was Sie wollen, ich mache Ihnen in jedem Fall einen Double Vision. Klare Sache. Einverstanden?«

Mr. Wodka lacht. Jetzt schaut er richtig fröhlich aus. »Gut, Chef. Dann hätte ich gerne eine Bloody Mary!«

Wir lachen beide. Netter Kerl. Er geht ein paar Schritte von der Bar in den Raum hinein und macht sich's in einem der Ledersessel gemütlich. Seinen schokobraunen Pal-Zileri-Mantel wirft er lässig auf den anderen Sessel neben sich. Lockert die Krawatte. Das sieht nicht so aus, als ob er sich noch mit jemandem treffen würde. Der Mann geht heute Abend mit sich alleine aus.

Ich schreite zur Tat. Double Vision. Keine Zutat wird in Cocktailbars öfter verwendet als Wodka. Wodka ist eine klare Sache. Und Klarheit, das kann dieser Beau hier in meiner Bar gerne haben.

> Der Typ sieht im Moment irgendwie nicht klar.

Ich fülle vier Eiswürfel in meinen Boston Shaker. Das ist das Teil mit dem Metallbecher oben und dem großen Glas unten. Meine Eiswürfel sind glasklar. Wir sind hier ja auch nicht bei Um-die-Ecke, sondern in der Jangada Bar – meiner Bar. Und bei mir gibt es keine weißen Eiswürfel. Ich koche das Wasser auf, bevor es in die Eismaschine kommt, das ist der Trick. Und die Maschine stelle ich auf superkalt, denn zum Mixen brauche ich kalte, trockene Würfel, und das Eis muss immer frisch sein, sonst schmeckt es nicht neutral. Erst ganz heiß, dann ganz kalt, kein Wischiwaschi.

Das Longdrinkglas stelle ich schon mal bereit und fülle es mit Eiswasser aus der Karaffe, damit das Glas nachher kühl ist. Dabei achte ich darauf, dass die Außenseite des Glases trocken bleibt.

In den Shaker zum Eis kommen jetzt 3 cl Wodka mit Johannisbeeraroma, also bei mir schwedischer Wodka Blackcurrant, sowie 3 cl dänischer Wodka Citron. Die beiden finde ich entschieden am besten. Dazu 4 cl klarer Apfelsaft. Direktsaft.

Wir sind hier ja auch nicht bei Um-die-Ecke, sondern in der Jangada Bar.

Becher drauf, kleiner Schlag mit dem Handballen obendrauf und schütteln. Beim Schütteln wird die Luft innen kälter, zieht sich zusammen, es entsteht ein leichter Unterdruck, der Glas und Becher zusammenhält. Ist wirklich dicht.

Beim Shaken schaue ich wieder nach Mr. Wodka. Er sitzt da und schaut ins Leere. Strahlendes Glück sieht anders aus. Auf den ersten Blick ist er ein verdammt gut aussehender Bilderbuch-Mann, wie frisch vom Armani-Laufsteg. Schlank, groß, sportlich, über den Schläfen geht der Haaransatz schon leicht zurück. Super Friseur. Ein Gesicht wie Viggo Mortensen, gepflegter Dreitagebart, Grübchen am Kinn. Wow, denke ich, toller Hecht. Aber er schaut irgendwie verdrossen ins Leere.

Mit der linken Hand drücke ich den umgedrehten Shaker auf die Platte und haue mit der rechten Hand kräftig gegen den Rand des Metallbechers. Das Teil öffnet sich, ich nehme das Glas raus, gieße das Eiswasser aus dem Cocktailglas und fülle dann den Drink durch das Barsieb ein und …

Mist!

Ich habe den Angostura vergessen.

Der Double Vision hat es in sich. Nicht nur wegen des kräftigen Anteils Wodka, sondern auch wegen der unverzichtbaren paar Spritzer Angostura Bitter, der die Fruchtsäure perfekt ausgleicht. Das Wundermittelchen enthält unter anderem Extrakte von Enzianwurzel, Bitterorange, Nelken, Kardamom, Zimt und Chinarinde und wurde im 19. Jahrhundert vom deutschen Arzt und Waterloo-Veteran Dr. Johann Gottlieb Benjamin Siegert in der Stadt Angostura entwickelt, die mitten im Regenwald in Venezuela liegt und heute Ciudad Bolívar heißt. Der Bitterlikör wurde damals als Medikament gegen Malaria, Gelbfieber und Denguefieber genutzt. Dr. Siegert war einer der rund 300 europäischen Legionäre im Freiheitskampf der Südamerikaner gegen die spanische Krone und wirkte als Generalstabsarzt in Simon Bolivars Separatistentruppen. Aber er war auch ein cleverer Geschäftsmann. Als er nämlich merkte, dass Söldner und Seefahrer seine Medizin mit Gin mischten und so als Drink für echte Kerle auf der ganzen Welt verbreiteten, hing er seinen Arztkittel an den Nagel und begann, den Angostura Bitter professionell zu produzieren und zu vermarkten. Die Firma existiert seit 1850, das Rezept ist natürlich geheim. Feine Sache, hochkonzentriert, saubitter.

Die Typen mit der Ritterrüstung finde ich besonders spannend.

Und nicht in diesem Drink!

Also, alles noch mal von vorne ...

Als ich ihm sein Glas bringe,

hängt Mr. Wodka im Sessel wie ein nasser Sack.

»Hallo, Señor, Sie wollten die Piña Colada, stimmt's?«

Er rafft sich auf, lacht etwas angestrengt und nimmt seinen Double Vision (mit drei Spritzern Angostura).

»Danke. Schöner Laden.«

»Na, dachte ich mir doch, dass Sie zum ersten Mal hier sind. Sind Sie auf Geschäftsreise? Oder frisch zugezogen? Oder haben Sie heute Abend plötzlich Ihre Liebe zum Wodka entdeckt und dann schnell die nächstgelegene Bar aufgesucht?«

Ich setze mich kurz auf die Lehne des Sessels neben ihm. Der Mann wirkt verschlossen. Aber die Typen mit der Ritterrüstung finde ich besonders spannend.

Geld hat er, das sieht man. Und verheiratet ist er, jedenfalls trägt er einen Ehering am Finger. Sein Gesichtsausdruck und seine Gesten sind hart, wenn er spricht. Eine Menge Testosteron ist da im Blut.

»Ich bin weder neu hier noch auf der Durchreise. Habe eben gerade Ihre Bar entdeckt und hatte Lust auf 'nen Drink. So was gibt's doch, oder?«

Viel bekomme ich aus ihm nicht raus an diesem Abend. Die Bar füllt sich auch so langsam, ich habe gut zu tun. Irgendwann legt er Geld auf den Tisch und geht, ohne Tschüss zu sagen oder rüberzuschauen.

Eine Woche später.

Vor mir sitzt Mr. Wodka und nickt mir zu.

»Guten Abend. Möchten Sie einen Double Vision oder einen Double Vision?«

Er lacht laut, die Rüstung bekommt Risse, das Visier klappt hoch. »Hm, dann nehme ich einen Double Vision, oder was meinen Sie?«

»Keine Ahnung. Ich mach Ihnen erst mal einen Double Vision.«

Die Rüstung bekommt Risse, das Visier klappt hoch.

An diesem Abend erfahre ich mehr.
Mr. Wodka bleibt am Tresen sitzen und beim zweiten Drink erzählt er.

Er arbeitet in der Pharmabranche. Seine alte Firma wurde vor einem Jahr übernommen. Ganz neue Kultur seitdem. Ich weiß, welche Firma das ist, in der Stadt gibt es da nur eine Möglichkeit. Riesenladen, einer der drei größten weltweit. Sein Metier ist Vertrieb, er ist gerade aufgestiegen, führt fünf Teamleiter und hat insgesamt 70 Leute unter sich. Sein oberster Chef ist neu. Auch das Produkt, das er pushen soll, ist neu. Stressig, das alles. Aber es läuft gut für ihn. Kommt gerade aus dem Büro, es ist kurz vor neun.

»Hm, 70 Leute, Vertrieb, da muss man tough sein, oder?«

»Schon.« Er blickt in sein Glas.

Ich nehme eine Bestellung von drei neuen Gästen auf, mixe ein paar Drinks, komme zurück zu ihm und gehe zum Angriff über. »Ich hab da mal 'ne Frage: Sie sind doch verheiratet, oder? Und wenn ich Sie so anschaue, dann tippe ich darauf, dass Ihre Frau kein Besen ist. Reine Erfahrungssache. In Ihrer Brieftasche ist ein Bild von einem supersüßen Mädchen, höchstens drei Jahre alt. Ich tippe, das ist Ihre Tochter. So, und jetzt will ich von Ihnen wissen: Warum in aller Welt hängen Sie zum wiederholten Male nach Feierabend in einer – zugegebenermaßen äußerst stilvollen – Bar herum und schauen trübe in Ihren Longdrink, anstatt mit Siebenmeilenstiefeln nach Hause zu hüpfen, Ihrer Tochter eine Gute-Nacht-Geschichte zu erzählen und dann Ihre Frau glücklich zu machen? Hand aufs Herz!«

Ich bleibe kurz stehen und beobachte, wie sich seine Rüstung in Einzelteile auflöst und zu Boden scheppert. Er schaut mich entgeistert an, seine ganze Selbstsicherheit scheint verflogen, er holt Luft und ... sagt nichts. Schluckt. Ich drehe mich um, greife zum Kühler und denke: Scheiße, Bruno, zu direkt, der geht jetzt. Warum kannst du auch nicht die Schnauze halten!

Während ich noch innerlich mein latentes Helfersyndrom verfluche, räuspert sich Mr. Wodka. »Also ...«

Ich drehe mich zu ihm, schaue ihm gerade in die Augen und sage: »Entschuldige, Mann, ich wollte Ihnen nicht ...«

»Schon gut. Nein, ist okay.« Er umfasst sein Longdrinkglas mit beiden Händen, als wäre es sein Sicherungsseil in der Felswand. »Also, ehrlich gesagt, habe ich einfach noch keinen Bock, nach Hause zu gehen.«

»Wieso das denn?«

»Keine Ahnung, ich blick da selbst nicht so ganz durch. Meine Frau ist toll. Aber … ich weiß nicht. Ich check's selber nicht richtig.«

»Ihnen geht's scheiße, oder?«

Er schaut mich jetzt an wie ein Hund, dessen Herrchen ihn beim Zerfetzen von Frauchens Strümpfen erwischt.

»Ähm, ich weiß nicht, wie's mir geht. Ich weiß nur, dass es nicht so ist, wie es sein soll.«

Er schaut mich jetzt an wie ein Hund, dessen Herrchen ihn beim Zerfetzen von Frauchens Strümpfen erwischt.

»Inwiefern?«

»Na, ja. Früher hat mir das alles Spaß gemacht. Aber seit einer Weile quäle ich mich morgens nur noch aus dem Bett und habe überhaupt keine Lust, zur Arbeit zu fahren. Den ganzen Tag gibt es dort Druck von oben. Verkaufszahlen, Kundenzufriedenheitsquote, Responsezeiten, alle möglichen Kennzahlen, es wird irgendwie immer mehr. Dann schwierige Mitarbeiter, Umstrukturierungen. Am Abend bin ich nur noch platt. Keine Energie mehr für die Kinder. Meine Frau ist dann auch anstrengend. Wenn ich nach Hause komme, wollen irgendwie alle was von mir. Und keiner fragt, was ich will. Kann ich noch mal einen Drink haben, bitte?«

»Klar.« Ich räume sein leeres Glas ab. »Erzählen Sie weiter.«

Dann erzählt er von seiner Frau, die tatsächlich super aussehen muss. Sie verstehen sich gut. Sie ist seine zweite Frau, hat einen neunjährigen Sohn mit in die Ehe gebracht, gemeinsam haben sie die kleine Tochter, deren Bild ich gesehen hatte. Allen geht es gut, der Alltag ist bestens organisiert. Sie ist stolz auf ihn und seinen beruflichen Erfolg. Sie fährt einen schicken BMW. Trägt Designerklamotten. Genießt ihren Status und zeigt ihn gerne. Urlaub machen sie im Robinson-Club. Überall erzählt sie, was für ein toller Hecht er doch ist. Alle denken: Wie toll so eine Patchworkfamilie funktionieren kann.

Ich lege den Pfeil auf, spanne den Bogen, ziele ...

Aber wenn er sich fragt, ob er lieber kommt oder lieber geht, merkt er: Im Moment geht er weder gerne zur Arbeit noch kommt er gerne heim. Er fragt sich, was das kleinere Übel von beiden ist.

Zu Hause wie im Büro ist es einfach nur anstrengend. Immer muss er sein Image aufrechterhalten, den starken Mann spielen. Dabei ist er einfach nur müde. Saumüde. Auf dem besten Weg, in den Club der Smiling Depressives aufgenommen zu werden. Er würde sich so gerne mal wieder gut fühlen, Spaß haben, Energie spüren.

Hast du den falschen Job? Traust du dich nicht ihn zu ändern?

»Und woran liegt das? Sie müssten doch eigentlich auf Wolke sieben schweben. Ich meine, Sie haben doch alles, was man so haben will, oder? Aber trotzdem scheint Ihnen was zu fehlen. Also: Was ist es?«

»Das ist es ja!« Jetzt bekommt er wieder diesen harten Ausdruck im Gesicht. »Ich habe keine Ahnung! Ich habe kein Problem, weißt du … äh, wissen Sie!«

»Schon okay, ich heiße Bruno.« Ich gebe ihm die Hand.

»Victor. Angenehm.« Er zieht einen Mundwinkel hoch, wieder ganz der Lässige. Das hat er echt gut drauf.

Ich lege den Pfeil auf, spanne den Bogen, ziele und: »Also, woran liegt's? Redet ihr nicht miteinander? Geht's ums Geld? Um Status? Traust du dich nicht mit ihr zu streiten? Klappt's nicht in der Kiste? Hast du den falschen Job? Traust du dich nicht ihn zu ändern?«

Jetzt hält er die Luft an. Treffer, versenkt.

Des Geldes wegen

kriseln viele Beziehungen. Das Thema birgt riesiges Konfliktpotenzial und ist einer der häufigsten Gründe für Krach. Er hält es zusammen, sie gibt es aus. Oder umgekehrt. Sie liebt Statussymbole – Dior-Kette, Yohji-Yamamoto-Kleid, Christian-Louboutin-Pumps, Cayenne Turbo, Haus am See, Kitzbühel, Trakehnerhengst, Golfclub ... – er könnte auch gut und gerne darauf verzichten. Oder umgekehrt. Sie braucht Sicherheit durch gut angelegtes Vermögen. Ihm wäre es nicht wichtig. Oder umgekehrt.

Noch schlimmer aber, als über Geld zu streiten, ist es, wenn darüber geschwiegen wird. Denn Geld ist zwar wichtig, aber nicht in Bezug auf unser Glück. Jedenfalls nicht in den Einkommensregionen von Victor Wodka. Mit anderen Worten: Sie können mit Geld glücklich sein oder ohne. Ganz egal. Eine der schlimmsten Fallen unserer Zeit ist die Vorstellung, eines Tages, wenn genügend Geld da ist, um diesen oder jenen Traum zu verwirklichen, glücklich zu sein. Entweder Sie sind auch ohne das viele Geld glücklich und zufrieden gewesen, dann haben Sie gute Chancen, auch weiterhin glücklich und zufrieden zu sein, wenn Sie mehr davon haben. Oder Sie waren es nicht, dann tendieren Ihre Chancen gegen null, glücklich und zufrieden zu sein, wenn Sie eines Tages steinreich geworden sind.

Geld kann auch keine Beziehung aufrechterhalten oder retten.

Geld kann auch keine Beziehung aufrechterhalten oder retten. Die Liebe und Zuneigung, Zärtlichkeit und Aufmerksamkeit des Partners kann man nicht mit Geld und schönen Dingen kaufen. Nicht auf Dauer.

Die Realität ist aber: Paare nehmen sich gemeinsame Projekte vor, die mit Geld zu tun haben. Das Traumhaus zum Beispiel. Da laufen Bausparverträge und rauben den tapferen Sparern im Alltag die Luft zum Atmen, damit eines Tages das frei stehende Haus gebaut werden kann, von dem schon Zeichnungen und Grundrisse existieren. Oder die Einrichtung. Das Ledersofa, die Küche, das Bad auf Kredit gehören in zehn Jahren nicht mehr der Bank, sondern dem Ehepaar.

Die fehlende Entwicklung im Innern wird kompensiert im Außen.

»Schatz, die Hubers haben einen Mercedes gekauft. Die M-Klasse, du weißt schon.«

»Na und?«

»Was na und! Ich mein ja bloß!«

Die gemeinsame Wunscherfüllung funktioniert über Geld. Der eine finanziert, der andere organisiert. So gibt es auch immer ein gemeinsames Gesprächsthema. Wenn das Projekt vorbei ist, steht das Paar genau da, wo es vorher stand. Dann muss ein neues Projekt her. Aber die Beziehung ist wie vorher. Es gibt keine Entwicklung von innen heraus. Die fehlende Entwicklung im Innern wird kompensiert im Außen.

Dass Sie mich nicht falsch verstehen: Gemeinsame Projekte sind nicht schlecht. Sie sind gut. Aber man muss sich bewusst machen, welches Projekt welchen Zweck erfüllt, und darüber reden, was das alles wirklich bedeutet. Offen reden.

Sonst läuft das so wie bei den meisten Paaren: Hauptsache, wir haben was zu tun. Dann müssen wir nicht darüber nachdenken, was eigentlich alles schiefläuft zwischen uns. Wenn Ihnen das irgendwie bekannt vorkommt, sollten Sie mal eine Projektpause einlegen!

Geld ist auch ein Aphrodisiakum, Geld macht Männer sexy. Das können Sie finden, wie Sie wollen, es ist so! Wieso? Weil Geld Sicherheit bietet. Das ist der Versorgeraspekt, der seit Millionen von Jahren unbewusst und ganz schlicht funktioniert. Heutzutage noch wichtiger ist aber etwas anderes: Die meisten Menschen definieren sich über Geld, ordnen sich über den Kontostand in die gesellschaftliche Hierarchie ein. Ganz unbewusst. Wer Geld hat, gewinnt Selbstwertgefühl. Wer Geld verliert, verliert Selbstwertgefühl. Mit steigendem Selbstwertgefühl gewinnt man persönliche Ausstrahlung, das macht attraktiver für das andere Geschlecht. Mit sinkendem Selbstwertgefühl verliert man Attraktivität. Ganz unabhängig vom physischen Aussehen.

Nur: Sie können sehr attraktiv sein, aber gleichzeitig unglücklich. Denn das eine hat mit dem anderen nichts zu tun.

Wenn die Frau nach dem traditionellen Muster Küche, Kirche, Kind dem Mann den Rücken frei hält, damit der beruflich erfolgreich sein kann, dann kann das ein wohltuendes Arrangement für beide sein – oder die Hölle auf Erden. Dann nämlich, wenn die Frau subtil Druck ausübt: Lieber Mann, du bist nur dann etwas wert, wenn du in der Firma Gas gibst und ordentlich Kohle heimschaufelst!

Wenn der Job den Mann dann gar nicht ausfüllt, er sinnlos findet, was er tut, er sich eigentlich eine andere Arbeit wünscht, dann wird es problematisch. So wie bei Victor.

Ihn kotzt der Job nämlich in Wahrheit an. Er möchte raus da, am liebsten etwas ganz anderes machen. Aber seine Frau sperrt sich. Denn das würde einen Umzug bedeuten. Umziehen? Dann müsste sie sich den Freundeskreis, in dem sie sich über Jahre eine Stellung erarbeitet hat, ja wieder komplett neu aufbauen! Und die ganze Organisation der Familie! Und das schöne Haus, das doch ideal ist! Und warum überhaupt? Ihnen geht es doch gut! Er hat einen sicheren Job, verdient gut. Was will er denn überhaupt?

Sie kann ihn überhaupt nicht verstehen. Denn ihr geht es um völlig andere Dinge. Sie hat offenbar eine andere Sortierung der Werte. Das ist der Punkt.

»Was ist denn überhaupt das Problem bei deinem Job?«, frage ich Victor, als er sich wieder gefangen hat.

»Ich gehe mal davon aus, dass Barkeeper ein Schweigegelübde ablegen wie Priester oder Ärzte oder so. Richtig?«

»Na, klar!«

»Also, es ist so: Ich finde das ganze Geld ja auch gut. Ich mag gute Klamotten und so. Mir fällt es leicht, viel Geld zu verdienen, ich finde auch irgendwie, dass das für mich normal ist, es steht mir zu, habe ich das Gefühl. Das soll jetzt nicht überheblich klingen, ich will nur sagen, dass ich mich damit ganz wohlfühle. Ich bin ja auch leistungsfähig. Oder anders gesagt, ich habe kein Problem mit meinem Selbstwertgefühl.«

»Echt?«

»Ja, echt. Wieso echt? Jetzt bring mich nicht aus dem Konzept!«

»Schon gut.«

»Also, jedenfalls gefällt mir meine Gehaltsabrechnung so, wie sie ist. Nur …«

»Nur?«

»Nur nicht um jeden Preis. Faule Tricks anwenden zu müssen, das ist es nicht wert. Ich will mein Geld ehrlich verdienen. Mich kotzt es an, was bei uns läuft! Ich muss mir täglich auf die Zunge beißen, um nicht rumzuschreien, was der ganze Laden für ein Misthaufen ist!«

Oh, mein lieber Scholli. Jetzt merkt man, was der für einen Druck aufm Kessel hat. Mit dem würde ich mich nicht unbedingt anlegen wollen. »Du brauchst mir nicht zu sagen, was da genau läuft, wenn du nicht willst.«

»Doch, das will ich. Ich kann ja mit niemandem drüber reden, das ist ja Teil des Problems, ich will das einfach mal erzählen, wenn's dir recht ist.«

»Ja, nur zu. Ich höre und vergesse. Das ist mein Job. Und wenn ich mal ein Buch schreibe, werde ich deinen Namen ändern, okay?«

Victor Wodka grinst. »Okay, also pass auf. Es ist ganz einfach. Mein Job besteht darin, überteuerte Medikamente von mittelmäßiger Qualität, die eigentlich keiner braucht, mit Vertriebspower in den Markt zu drücken. Wir werden subtil gedrängt, alle Register zu ziehen, um Kohle zu machen. Ich muss meinen Leuten die Mohrrübe hinhalten oder ihnen richtig in den Arsch treten, damit sie rennen wie die Blöden. Zuckerbrot und Peitsche. Und das macht mir überhaupt keinen Spaß.«

Jetzt merkt man, was der für einen Druck aufm Kessel hat.

Er rührt mit dem Strohhalm in seinem Drink herum, macht eine Pause. Holt tief Luft und redet weiter: »Weißt du, es ist so sinnlos. Kein Mensch wird durch diese Medikamente gesünder. Im Gegenteil. Die Dinger haben alle Nebenwirkungen, manche machen abhängig. Wir machen Deals, die nicht sauber sind, um Ziele zu erreichen, die verrückt sind, und Zahlen zu generieren, die unrealistisch sind. Den Apothekern wird in Veranstaltungen der Hintern gepampert, alle Key-Accounts werden mit Macht gedrängt, beeinflusst, bestochen. Ein Medikament ist besonders übel. Ich weiß, dass da nachweislich Studien gefälscht worden sind. Und von einer Studie weiß ich, dass das Medikament ganz übel dabei wegkommt. Das Zeug ist gefährlich. Und diese Studie wird unter Verschluss gehalten, mit sehr viel Geld natürlich.«

Er schaut mich an, ich bin ganz still.

»Ich finde das so scheiße. Ich würde das Zeug, das ich verkaufe, niemals selbst schlucken. Wenn schon, dann würde ich ein Konkurrenzprodukt nehmen. Wenn überhaupt. Für einen Großteil der Patienten ist das Produkt der Konkurrenz nämlich das verträglichere, außerdem wirkt es besser. Und ist billiger. Wir haben da ein ganz mieses Produkt, und ich bin gerade dabei, es zum Blockbuster zu machen. Weil ich nämlich ziemlich gut darin bin.«

»Oh, Mann.« Das trifft mich jetzt wirklich. »Da würde ich mich an deiner Stelle auch ganz schön beschissen fühlen«, sage ich. »Dafür hältst du dich noch ziemlich gerade, würde ich sagen.«

Dieser Mann lebt eindeutig nicht seine Werte. Und ich frage mich, warum.

»Und was sagt deine Frau dazu?«, frage ich ihn.

»Meine Frau?« Er lacht, denn er hat durchschaut, dass ich ihn durchschaut habe. »Meine Frau will nächstes Jahr einen Porsche Panamera fahren.«

So, jetzt bin wohl ich dran. Ich werde ihm ein wenig von mir erzählen. Das ist nur fair. Außerdem habe ich mir bereits in den Kopf gesetzt, dass ich diesen Typen nicht so aus meiner Bar rauslaufen lasse, wie er hereingekommen ist. Ich meine nicht den Alkoholspiegel im Blut, sondern seine innere Verfassung.

»Moment, ich geh schnell mal die da drüben bedienen. Ich komme gleich zurück und dann will ich dir was erzählen.«

Während ich zwei netten Damen die Cocktailkarte erkläre, sehe ich, wie mein Mr. Wodka durch den Raum Richtung Toilette schlurft: Er geht wie ein Siebzigjähriger mit achtzig Kilo Gepäck auf den Schultern. Das stachelt meinen Ehrgeiz an.

Dieser Mann lebt eindeutig nicht seine Werte.

Zurück hinterm Tresen schneide, fülle, schüttle ich, was das Zeug hält, haue mir die Handkante am Edelstahlbecher taub und liefere zwei saubere Drinks aus. Dann komme ich zurück und knöpfe mir Victor den Schönen vor, der mittlerweile ein wenig erleichtert von der Toilette zurückgekommen ist.

»Jetzt hör du mal zu. Ich weiß auch, wie es ist, einen Haufen Geld zu verdienen. So richtig viel Geld. Aber ich tippe, ich habe dir eins voraus, denn ich weiß auch, wie es ist, alles zu verlieren. Ich habe nämlich mal einen Crash hingelegt. Die Umstände sind legendär, aber das tut jetzt nichts zur Sache.«

»Hört, hört ...«

»Jedenfalls hatte ich nichts mehr. Kein Geld. Kein Auto. Keine Wohnung. Nur Schulden. Ich habe im Büro auf einer Matratze gepennt. Zum Duschen bin ich ins billigste Sportcenter in der Stadt. Jeden Tag habe ich mir überlegt, ob ich mir einen Kaffee leisten soll oder nicht. Ich war um sehr viel Geld betrogen worden. Richtig viel. Natürlich gab es einen Prozess. Ich habe recht bekommen – aber trotzdem kein Geld. Das Geld war nämlich weg.

Mein Business lag im Staub. Meine Ex-Frau hing bei mir finanziell am Tropf, mitsamt den Kindern. Genau in der Zeit habe ich meine Freundin kennengelernt, vor der ich mich natürlich auch nicht auf dem Boden im Dreck rumwinden wollte. Kurz: Der Druck, einen Ausweg zu suchen, war riesengroß.

> Mein persönliches Leitbild beinhaltet zwingend Unabhängigkeit.

Und da begab es sich, wie das Leben so spielt, dass ich ein lukratives Angebot bekommen habe, bei einem großen Beratungshaus als Senior Consultant anzufangen. Richtig gut Kohle. Die Rettung? Auf einen Schlag wäre ich alle finanziellen Sorgen los gewesen. Aber es war nicht die Rettung, sondern eine Versuchung. Dieser Beraterjob wäre nämlich nicht das gewesen, was ich eigentlich im Leben machen wollte. Er hätte überhaupt nicht zu dem gepasst, was mir wirklich wichtig ist. Denn ich war und bin mir über eines völlig im Klaren: Mein persönliches Leitbild beinhaltet zwingend Unabhängigkeit.«

»Leitbild?«

»Ja, Leitbild. Bitte hör genau hin, ich kann es auswendig ...«

Dann bete ich ihm mein Leitbild herunter, in dem ich beteure, die volle Verantwortung für mein Leben zu übernehmen und das Bestmögliche daraus zu machen. Meine wichtigsten Werte kommen auch darin vor: Sinn, Spaß, Pro-Aktivität, Unabhängigkeit und Integrität.

»... Balance in meinen wichtigsten Lebensbereichen. Ich liebe meine Frau und meine Kinder aus tiefstem Herzen ... und ich zeige es ihnen. Und ich liebe mich selbst. Ich habe immer die Wahl. Es liegt an mir!«

»Oh, das klingt gut. Alle Achtung!« Victor scheint wirklich beeindruckt. »Und so, wie du das vorträgst, glaubst du da fest dran, oder?«

»Ja, natürlich glaube ich daran. Ich habe diese Sätze schließlich mit Blut,

Da geht's um meine wichtigsten Werte, das, was wirklich für mich zählt im Leben.

Schweiß und Tränen und viel Hilfe von außen aus meinem Innersten herausgeholt. Da geht's um meine wichtigsten Werte, das, was wirklich für mich zählt im Leben. Du hast gehört: Sinn, Spaß, Pro-Aktivität, Unabhängigkeit und Integrität.

So, und wenn ich jetzt diesen Beraterjob angefangen hätte, dann hätte ich etwas gemacht, von dessen Sinn ich nicht überzeugt gewesen wäre, bei dem mir der Spaßfaktor gefehlt hätte. Und ich hätte meine berufliche Unabhängigkeit aufgegeben – wieder ein Chef, vor dem ich mich zu rechtfertigen gehabt hätte, was ich tue oder lasse.«

»Du hast den Job sausen lassen? Das kann ich nicht glauben!«

»Na, sagen wir so. Ich war mir sicher, dass der Job ein Pakt mit dem Teufel gewesen wäre. Ich hätte mich verkauft, verschachert, prostituiert. Auf der einen Waagschale lagen meine Werte, meine Identität. Aber auf der anderen Waagschale lagen Frauen, Kinder, Gläubiger und vieles mehr.

Ich hatte mir eine Frist gesetzt: Wenn du es in einem halben Jahr nicht schaffst, von selbst wieder auf die Füße zu kommen, musst du eben auf den

Strich gehen. Aber dann, vermutlich weil ich so entschlossen und klar war, habe ich einen Weg gefunden.«

»Oh, und was hast du gemacht?« Er hängt mir jetzt förmlich an den Lippen.

»Erst mal hatte ich meinen 40. Geburtstag und lag mit 40 Grad Fieber im Bett. Kein Zufall. Gott sei Dank war's nicht der 42ste ... Danach war ich klar. Meinen Kindern habe ich mein letztes Hemd gegeben. Dann habe ich Privatinsolvenz angemeldet. Kein leichter Schritt, das kannst du mir glauben.«

»Hammer!«

»Die Gläubiger haben noch ein bisschen was bekommen, ich habe meinen Kopf hingehalten, obwohl ich selber betrogen worden war. Alles weg. Fast alles. Mit zwei Sporttaschen, also meinem kompletten Eigentum, bin ich bei meiner neuen Freundin eingezogen.«

»Was, und die hat dich reingelassen? Bist du dir nicht vorgekommen wie ein Straßenköter, der von einer Tierschützerin mit Helfersyndrom aufgesammelt worden ist?« Victor kann es wohl noch nicht so recht fassen, aber er ist fasziniert.

»Nein, ganz und gar nicht. Ich war klar. Ich wusste genau, was ich wollte. Ich habe nach meinen Grundüberzeugungen gehandelt und ich hatte einen Plan, was ich künftig tun wollte. Ich war selbstbewusst. Und deshalb alles andere als unattraktiv. Meine Freundin hat kein Helfersyndrom und nimmt keine streunenden Hunde auf. Nein, ich war voller Energie. Der Neustart hatte schon begonnen.«

»Ich muss schon sagen, das finde ich ganz schön mutig. Ich meine ...«

»Ich weiß nicht, ob es mutig ist, nach seinen Überzeugungen zu leben. Problematisch ist vielmehr, sich seiner Überzeugungen gar nicht bewusst zu sein. Wenn du weißt, was du willst, gibt es ja ohnehin keinen anderen Weg als deinen eigenen. Das ist dann kein Mut, sondern einfach nur Klarheit, Bewusstsein, Bei-sich-Sein.«

»Also, am unglaublichsten finde ich an der Sache, dass deine Freundin kein Problem damit hatte, dass du fertig warst.« Victor hält sein Longdrink-Glas wieder fest umklammert. Noch will er nicht loslassen.

Ich kontere: »Weißt du, das sagt doch jetzt mehr über dich als über mich. Warum glaubst du, dass ich fertig war, nur weil ich kein Geld mehr hatte? Ich habe das nicht geglaubt. Ich war nicht fertig, ich fing gerade erst richtig an. Und weil ich das glaubte, glaubte mir das auch meine Freundin. Frauen wollen Männer, die für etwas stehen, egal für was. Und die für sich einstehen. Und ich bin gestanden. Klar, das war nicht so einfach. Da gab es Gegenwind. Ihr Vater zum Beispiel hat schon Fragen gestellt. Ein Schwiegervater in spe steht nicht gerade drauf, wenn seine Tochter einen Typen hat, der zwei Kinder mitbringt und finanziell am Boden liegt. Aber auch ihm gegenüber habe ich mit offenen Karten gespielt. Und siehe da: Auch der hat das akzeptiert.«

Jetzt schaut Victor nachdenklich ins Leere und spielt an seinem Strohhalm rum. Ich denke, er braucht mal eine Pause. Ich gehe in den Keller, die Chips sind aus.

Als ich wieder hochkomme,

sitzt er immer noch da wie eine Statue. Ich gehe durch den Raum, sammle die Schälchen von den Tischen ein, kümmere mich um die paar Gäste, nehme zwei Bestellungen auf, komme zurück, stelle ein Espresso-Glas unter die Fiorenzato, schäume Milch für einen Cappuccino und frage Victor Wodka dreist: »Was ist dir wichtiger: deine Aufrichtigkeit oder keinen Ärger mit deiner Frau zu riskieren?«

Ich bringe die beiden Kaffees raus. Komme zurück, säubere die Chipsschälchen und frage: »Was ist dir wichtiger: dein Einkommen oder deinen Kindern gerade in die Augen sehen zu können?«

Ich kippe die Chips in die Schälchen und stelle die Schälchen aufs Tablett. Und frage: »Was ist dir wichtiger: tun, was du wirklich tun willst, oder deine Frau behalten?«

Ich trage das Tablett in den Raum und verteile die Schälchen, räume ein wenig auf und scherze mit einem Gast. Ich komme zurück und frage ihn: »Was ist dir wichtiger: dein ...«

»Hör schon auf! Ich hab's ja kapiert!«, knurrt er und blitzt mich an. Holla, da kommt ja die Energie wieder zurück. Die Akkus scheinen noch nicht ganz leer zu sein.

Er zahlt und geht. Ich freue mich darauf, wenn er wiederkommt.

Wenn.

Ich habe selbst mehrmals erlebt, wie das ist, wenn dein Wertesystem durchsortiert wird. Ein Zuckerschlecken ist das nicht. Aber daran führt kein Weg vorbei, wenn man im Nebel stochert, so wie Victor. Wenn man nicht weiß, was man wirklich will, was einem wirklich, wirklich wichtig ist.

Ich war vor Jahren einmal in einem Seminar, als Teilnehmer, in Österreich. Lauter Business-Typen, auch der Trainer war so ein Managertyp, er ist übrigens heute noch im Geschäft und einer der Topleute der Branche. Das Seminar lief gut, ich fühlte mich wie ein Fisch im Wasser. Es kam, wie es kommen musste, die Grabrede-Übung war dran. Ich hatte die Übung bis dahin noch nie selbst gemacht, kannte sie nur aus dem einen oder anderen Buch. Ich wusste also, wie es geht und was da passiert, hatte mich aber immer schön davor gedrückt, mich selbst ins Visier zu nehmen.

> Was ist dir wichtiger: deine Aufrichtigkeit oder keinen Ärger mit deiner Frau zu riskieren?

Die Übung geht, kurz gefasst, so: Sie stellen sich vor, eines traurigen, trüben Tages frisch verstorben zu sein. Sie liegen im Sarg, der neben der frisch ausgehobenen Grube auf dem Friedhof darauf wartet, versenkt zu werden. Die Trauergemeinde ist da, Familie, Freunde, Kollegen, Umfeld. Sie suchen sich vier Personen raus, je eine aus diesen vier Kreisen. Ihre Aufgabe: Sie verfassen vier Grabreden über sich selbst, eine für jeden dieser vier Menschen. Was sollten – aus Ihrer Sicht – diese Menschen einmal berechtigterweise über Sie sagen können?

Ich fing also an, wählte aus dem Kreis der Familie meinen Sohn aus, meinen Zweitältesten, der damals gerade ein halbes Jahr alt war. Ich stellte mir vor, er sei zum Zeitpunkt meines Todes schon erwachsen, er stünde am Grab und erzähle von mir. Was sein Vater für ein toller, erfolgreicher Mann gewesen war, was er alles gut gekonnt hatte. Wie gut er dies oder jenes draufhatte. Es floss mir nur so aus der Feder. Welche positiven Charaktereigenschaften er so an den Tag gelegt hatte, wie beliebt er gewesen war und so weiter ... und dann wörtlich: »Nur schade, dass ich keine Chance hatte, meinen Vater wirklich kennenzulernen, denn er hatte ja nie Zeit.«

Er gab alles für die Arbeit – und nichts für den Rest.

Ich sage Ihnen, ich habe Rotz und Wasser geheult, musste die Übung sofort abbrechen. Meine Güte, das brach nur so aus mir raus. Und wenn dich so etwas dermaßen ankickt, dann hat das was zu sagen.

Zu dieser Zeit war ich nämlich mitten in der Firmengründung, hatte tausend Sachen um die Ohren, habe gerödelt ohne Ende, um das Unternehmen ans Laufen zu bekommen, machte mein Ding. Und habe dabei voller Schwung mein Wertesystem auf den Kopf gestellt, denn meine Kinder kamen in diesem Spiel nicht vor. Wäre ich damals tatsächlich gestorben, hätte auf meinem Grabstein stehen können: Er gab alles für die Arbeit – und nichts für den Rest.

Mir war klar, ich musste die Balance anders gestalten.

Nach diesem Seminar habe ich zwar mein Leben nicht radikal umgestellt, aber mir war klar, ich brauchte mehr Zeit für meine Jungs, ich musste die Balance anders gestalten. Und das habe ich bis heute durchgehalten. Auch als ich dann pleite war, die Beziehung zu meiner Frau kaputt, die Firma kaputt und auch die Beziehung zu meiner Bank einen irreparablen Schaden erlitten hatte, bin ich klar geblieben. Ich bin mit geliehenem Geld fünfmal im Jahr nach Brasilien geflogen, wo meine Ex und meine Kinder zu der Zeit lebten. Ich habe mich schwer überwinden müssen, Freunde um Geld anzupumpen, das kann ich Ihnen verraten. Dieser Stolz, niemandem auf der Tasche zu liegen, stand auf meiner Werteskala zwar weit oben, aber nicht so weit oben wie meine Kinder. Zur Not hätte ich Gesetze gebrochen, wäre nach

Brasilien als blinder Passagier auf einem Frachter mitgefahren, nur um meine Jungs zu sehen.

Aus den Werten folgen die Gedanken und aus den Gedanken die Handlungen. Wenn Victor mit seiner Frau nicht Tacheles redet über das, was ihn umtreibt, wenn er sich scheut, bei seinen Kindern zu sein, wenn er im Job gute Miene zum bösen Spiel macht, dann nicht deshalb, weil er ein gefühlloses Arschloch ist, sondern weil er nicht weiß, wie sein Wertesystem funktioniert. Oder anders gesagt: Er weiß nicht, was ihm wirklich wichtig ist. Oder noch mal anders gesagt: Ihm ist nicht bewusst, wer er eigentlich ist. Er hat kein Bewusstsein für sein Selbst. Er hat kein Selbstbewusstsein.

Wenn Sie meinen, dass er gar nicht so wirkt, als hätte er kein Selbstbewusstsein, dann müssen Sie noch mal genauer hinschauen: Victor vermittelt zwar glaubhaft den Eindruck, als habe er großes Selbstvertrauen – er kommt so tough rüber, ist deshalb so erfolgreich im Job und deshalb finden ihn die Frauen auch so attraktiv. Er hat großes Vertrauen in seine beruflichen Fähigkeiten, was auch der Grund ist, warum ihm seine Frau vertraut: Sie ist sich sicher, dass er auch künftig beruflich erfolgreich sein wird und jede Menge Schotter nach Hause bringen wird. Bei so viel Selbstvertrauen! Aber er hat eben kein Selbstbewusstsein, er weiß zwar, dass er verdammt gut ist, aber er weiß nicht, wofür in seinem Leben er seine Fähigkeiten eigentlich einsetzen soll. Er hat kein Bewusstsein für seine wahren Prioritäten.

> Aus den Werten folgen die Gedanken und aus den Gedanken die Handlungen.

Konfrontiert er seine Frau mit seinem Wunsch nach Jobwechsel und zieht er das wirklich durch, dann zieht sie vielleicht nicht mit um, und dann muss er womöglich eine Wochenendehe riskieren. Ist es ihm das wert? Wenn er einen »sauberen« Job anfängt, wird er mit hoher Wahrscheinlichkeit erst mal ein niedrigeres Gehalt akzeptieren müssen. Nicht dass er in Armut versinken müsste, aber Kitzbühel und Robinson-Club, Reiten und Porsche würde eben nicht mehr alles auf einmal gehen, er und seine Familie müssten Abstriche machen. Zum ersten Mal in seinem Leben ginge es nicht mehr straight bergauf. Wäre es ihm das wert? Und was würden die Nachbarn und der

Bekanntenkreis sagen? Vielleicht gäbe es ein paar Leute in seinem Umfeld, die sich diebisch freuen würden, wenn seine Karriere einen Knick bekäme. Würde ihm das wirklich nichts ausmachen?

Vielleicht würde es ja auch ganz anders laufen und seine Ehe bekäme durch seine neue Aufrichtigkeit einen ganz neuen Kick. Vielleicht würde das die eingerostete Liebe wieder aufmöbeln, weil seine Frau stolz auf ihn wäre – zumindest nachdem sie die Ernteeinbußen auf dem Statusfeld verkraftet hätte. Wer weiß? Und vielleicht würde er einen ganz neuen Draht zu seinen Kindern bekommen, wenn er seine ausufernden Arbeitszeiten besser eindämmen könnte. Vielleicht. Könnte sein. Würde, hätte, sollte.

Vielleicht. Könnte sein. Würde, hätte, sollte.

Der Punkt ist, er wird es nicht im Voraus erfahren, wie sein Leben laufen wird. Er kann bei seinen Entscheidungen nicht auf deren Folgen spekulieren. Er muss sie mit großer Sicherheit treffen, ganz egal, was am Ende dabei herauskommt. Und solange er nicht weiß, was ihm wie viel wert ist im Leben, kann er das nicht.

Einen Monat lang

sehe ich ihn nicht. Dann sitzt er eines Abends plötzlich wieder da. Derselbe Barhocker, ganz links am Tresen. Aber er sieht ganz schön fertig aus. Ich sehe ihn zum ersten Mal ohne Business-Anzug. Er trägt ein blaues Hemd und eine ultracoole Cavalli-Jacke. Dunkle Schatten unter den Augen.

Ich mixe ihm einen Double Vision, verschütte beim Eingießen vor lauter Schwung mal wieder einen kleinen Schwall, wische Glas und Arbeitsfläche ab, stelle den Drink vor ihm auf den Tresen, schaue ihm in die Augen. »Na, siehst du langsam klar? Ich sehe, dir geht's besser!«

»Machst du Witze? Ich fühle mich wie ausgekotzt!«

»Trink, Bruder, trink.«

Heute ist gut was los in der Jangada Bar. Wenn er länger bleibt, können wir später vielleicht noch quatschen. Ich bin natürlich neugierig, was sich bei ihm getan hat. Während ich rühre, schüttle, stelle, lege, schneide, drücke und verschütte, mustere ich ihn verstohlen: Ja, es sieht gut aus. Er ist weichgeklopft. Ich klicke meine Lieblingsmusik auf dem Rechner an. Später frage ich ihn, ob ich ihm was erzählen darf.

Er wirft den Strohhalm, an dem er rumgezupft hat, auf den Tresen neben sein Cocktailglas. »Wieder eine von deinen therapeutischen Geschichten, was?«

»Ja, genau. Du sollst nicht umsonst gekommen sein.« Ich lache, er nur halb. »Schau her, tagsüber mache ich ja bisweilen ganz andere Sachen als das hier«, ich umfasse meine Bar mit einer weiten Geste. »Da mache ich so Sachen, dass ich Leuten gegen viel Geld auf den Sack gehe. Ist eine wundervolle Aufgabe. Beispielsweise gebe ich ihnen sechs kleine Zettel und einen großen. Ich bitte sie, all ihre Werte auf den großen Zettel zu schreiben. Zur Inspiration werfe

Reichtum, Macht, Liebe, Einfluss, Anerkennung, Familie, Kinder, Abenteuer, Freiheit.

ich ein paar Tonnen Werte an die Wand: Reichtum, Macht, Liebe, Einfluss, Anerkennung, Familie, Kinder, Abenteuer, Freiheit und so weiter. Dann bitte ich die Leute, auf ihrem vollgeschriebenen Blatt sechs Kreuzchen zu verteilen und so die sechs Werte rauszupicken, die ihnen am wichtigsten sind. Diese sechs zentralen Werte müssen sie dann auf die sechs Zettelchen schreiben. Und dann noch mal überprüfen: Sind das wirklich Endwerte, also Werte, die eine echte Basis bilden, oder sind es ›Mittel-zum-Zweck-Werte‹, die dazu da sind, höher eingestufte Endwerte zu erreichen.

Beispiel: Ist Reichtum für diesen Menschen wirklich ein Wert an sich? Oder ist Reichtum dazu da, Macht oder Einfluss oder Anerkennung zu bekommen? Oder gar, sich Liebe zu erkaufen?

Anderes Beispiel: Familie. Für manche ein Wert an sich, für andere eine Möglichkeit, Nähe und Geborgenheit zu erfahren. Klar?«

Victor nickt nervös. Er will mehr hören.

»Gut, schon das ist für manche ein hartes Stück Brot. Aber dann geht es weiter. Wir machen eine Gedankenreise. Ich lade die Leute zu einer Kreuzfahrt ein. Sie sollen sich vorstellen, wo sie hinfahren wollen und wen sie mitnehmen wollen.«

Die Kenn-ich-Masche ist ein untrügliches Zeichen dafür, dass ich genau ins Schwarze treffe.

»Ach, so ein Wunschziel-Spielchen, was? Habe ich auch schon mal gemacht. Kenn ich.« Victor winkt ab.

»Mein lieber Victor. Die Kenn-ich-Masche ist ein untrügliches Zeichen dafür, dass ich mit meiner Geschichte bei dir genau ins Schwarze treffe. Das ist ein Widerstand, allerdings nur ein schwacher. Glaub mir, du kennst es nicht, sonst würdest du nicht so im Nebel deines Lebens rumstochern und hättest vor Wochen bei mir keinen Double Vision bestellt. Einverstanden?«

»Okayokay, mach schon weiter.«

»Gut. Wir sind im Hafen, es ist Abreisetag, das Wetter ist super, die Gäste und die Crew sind nett, das Schiff ist ein Traumschiff, alles super.

Ein paar Tage später sitzen sie beim Frühstück. Da kommt eine Durchsage durch die Lautsprecher: Seenotrettungsübung. 11 Uhr, Treffpunkt Deck 6 mitsamt den Rettungswesten!

Die Leute gehen ganz ohne Hektik in ihre Kabinen und holen die Westen. Aber stell dir vor, mein Freund, bei dir in der Kabine gibt es keine Weste. Du gehst zum Offizier und berichtest ihm. Der sagt: Ohne Rettungsweste geht es nicht. Du sagst: Okay, dann geben Sie mir eine. Er sagt: Gut, ich gebe Ihnen eine, aber das kostet einen Preis. Du: Was soll's denn kosten? Er: Zwei Werte.

Also musst du zwei von deine kleinen Wertzetteln weglegen. Welche beiden bist du am ehesten bereit zu opfern? Überlege genau.

Dann geht's weiter. Ein paar Tage später wird's ernst. Wieder eine Durchsage. Diesmal ist es keine Übung, sondern todernst. Das Schiff sinkt und muss evakuiert werden. Gut, dass wir das geübt haben! Du holst deine Weste, diesmal in echter Hektik, hastest zum Rettungsboot und musst feststellen: Alle Boote sind voll. Sie werden gerade abgeseilt. Panik steigt in dir hoch. Ein Offizier steht daneben und brüllt, dass er noch etwas für dich tun kann. Ein paar Plätze sind noch frei. Aber das kostet dich noch mal zwei Werte.

Du denkst kurz und heftig, wägst ab und legst zwei weitere Zettelchen weg. Zwei bleiben übrig.

Dann wird das Rettungsboot abgelassen. Der Schiffsrumpf neigt sich bereits, es ist schwierig. Das Boot schwankt und knallt gegen den Schiffsrumpf, du fällst ins Wasser. Aber das Wasser ist saukalt, du musst so schnell wie möglich wieder raus, sonst erfrierst du. Dein Boot hängt noch auf halber Höhe fest. Einer von einem anderen Boot winkt dir zu, du schwimmst um dein Leben. Der Mann packt dich am Ärmel und wird dich gleich rausziehen, allerdings kostet dich das, du ahnst es, einen weiteren Wert.

Welches ist dein höchster Wert?

Welchen der beiden übrigen Werte wärst du bereit zu opfern? Welcher bleibt übrig? Welches ist dein höchster Wert?

Am Ende hast du also ein Ranking deiner wichtigsten Werte.

Und dann frage ich die Leute: Was genau tun Sie heute und tagtäglich unter Einsatz von Zeit, Geld und Kraft, um diesem höchsten Wert auch in der Realität zu zeigen, dass er Ihr wichtigster ist?

Und dann will ich Antworten. Und schaue oft in lange Gesichter.«

Victor sitzt ganz ruhig da. In seinem Kopf rattert es, aber äußerlich ist großer Frieden eingekehrt. Er schaut ganz gelöst aus, die Wolken haben sich verzogen.

Gesundheit, Liebe ...

oft sind es die Werte, die nicht so erfüllt sind oder die gegenwärtig bedroht sind, die im Ranking ganz oben landen. Es sind auch oft die Werte, die im Alltag hintenanstehen müssen. Überraschend wenig geht es bei den zentralen Werten um Berufliches. Zwischen Innen und Außen gähnt bei den meisten Menschen ganz offensichtlich ein tiefer Abgrund.

Die meisten, die gefragt werden, was sie anders machen würden, wenn sie noch mal leben dürften, sagen: Mich mehr um meine Liebsten kümmern. Bei vielen geht es um Liebe, Beziehung, Partnerschaft, Nähe, Intimität. Auch Kinder und Freundschaften kommen in der Rückschau in vielen Leben zu kurz.

Ist doch auch klar. Kein Mensch sagt auf dem Sterbebett: Schade, dass ich nicht mehr Zeit im Büro verbracht habe. Karriere ist es nicht. Auch nicht bei Victor.

Ich könnte ihn fragen: Stell dir vor, du hättest alle finanziellen Ressourcen, die du haben willst, die du bräuchtest für das, was du im Leben vorhast. Und stell dir vor, es wäre ausgeschlossen, dass es ein Misserfolg werden könnte, egal was du anpackst – was würdest du mit deinem Leben anfangen?

Oder ich könnte ihn fragen: Warum begehst du nicht heute Abend Selbstmord? Was genau hält dich davon ab?

> Man kann sich gut und gerne mal verrennen. Und man darf auch mal den Durchblick verlieren.

Aber das brauche ich ihn gar nicht mehr zu fragen, er hat es bereits gecheckt. Jetzt bin ich nur gespannt, was er ändern wird. Ich glaube jedenfalls nicht, dass er eine solche Lusche ist, dass er einfach so weitermacht wie bisher. Man kann sich gut und gerne mal verrennen. Und man darf auch mal den Durchblick verlieren. Das ist nicht schlimm. Aber wenn man dann wider besseres Wissen einfach so weitermacht, nur weil man zu feige ist, die Konsequenzen zu ziehen, nur weil man weiter den Weg des geringsten Widerstands gehen will, dann vergeudet man sein Leben. Und das ist das Einzige, was gar nicht geht!

Der Philosoph und Unternehmensberater Rupert Lay hat einmal sinngemäß gesagt: Ein Mensch, der nicht lebt, sondern gelebt wird, ist das ärmste aller Schweine.

Geld hilft bei der Suche nach dem Sinn wenig. Oft ist es nur Ersatz. Geld ist aber auch nichts Schlechtes. Wenn ich weiß, was mein Lebenszweck ist, kann es helfen, Geld für die Umsetzung zu haben.

Wir haben eine unglaubliche Kraft und Ausstrahlung, wenn wir unserem Leitstern folgen.

Umgekehrt ist es oft so, dass das Geld von alleine kommt, wenn Sie nur tun, was Sie wirklich wollen. Denn wir Menschen haben eine unglaubliche Kraft und Ausstrahlung, wenn wir unserem Leitstern folgen. Wir können förmlich Berge versetzen, wenn wir wissen, wofür wir leben. Wir können andere Menschen für unser Ziel faszinieren und gewinnen. Und wir haben Energie für zwölf. Dann sind wir oft so erfolgreich, dass uns auch der materielle Erfolg zusätzlich in den Schoß fällt, obwohl der vielleicht gar nicht das Ziel war.

Es kann aber auch sein, dass Sie Ihren Sinn in etwas finden, womit Sie gar kein Geld verdienen können. Sie könnten Streetkids in Rio de Janeiro helfen, ganz altruistisch. Da ist Geld nicht wichtig, zumindest nicht Geld für Sie persönlich. Und Sie könnten damit sehr glücklich sein. Sie würden nach Ihren Werten leben. Wenn Ihre Grundbedürfnisse erfüllt wären, würde jeder Euro, den Sie mehr hätten, Sie kein bisschen glücklicher machen.

Wenn Sie weder einen Sinn gefunden noch Geld haben, das ist dann allerdings wirklich bitter!

Ich habe mich gefragt, was ich machen würde, wenn ich bei »Schlag den Raab« den Jackpot holen würde. Was dann? Na ja, ich weiß, ich bin bequem. Die Notwendigkeit, Geld zu verdienen, ist für mich ein positiver Antrieb. Wenn ich steinreich wäre, würde das wegfallen, vielleicht würde mir dann die Motivation fehlen und ich würde lethargisch werden.

Ein bisschen weniger Geld kann gut sein, um glücklich zu leben.

Und Sie sollen ja auch nicht gleich Ihren Job kündigen. Sie könnten auch einfach weiter Ihre Brötchen verdienen und nebenbei etwas Ehrenamtliches machen. Was aus Ihrer Sicht Sinnvolles tun. Geld würde keine Rolle spielen, aber Sie könnten Ihre Werte leben.

Ich für mich habe eine ziemliche Luxushaltung angenommen. Ich habe mir geschworen, beruflich nichts zu tun, was zwar Geld bringt, aber aus meiner Sicht sinnlos ist und mir keinen Spaß macht. Ich habe mich dafür entschieden, Gelderwerb, Sinn und Spaß miteinander zu vereinen. Machen wir uns nichts vor, das ist ein verdammt hoher Anspruch. Das kann nicht jeder in jeder Situation. Diese Haltung haben zu können ist ein Privileg!

Victor sitzt verdreht auf seinem Hocker und schaut sich die anderen Gäste an. Ich wische die Arbeitsfläche ab.

> Ich habe mich dafür entschieden, Gelderwerb, Sinn und Spaß miteinander zu vereinen.

Dann hole ich Luft und sage eindringlich zu ihm: »Wenn du weißt, die nächsten dreißig Jahre musst oder willst du Geld verdienen, dann mach doch etwas, was dir Spaß macht und was du sinnvoll findest! Natürlich nur, wenn dir das wichtig ist ...«

»Du hast schon recht.« Victor dreht sich um und schaut mich geradeaus an. »Was glaubst du, was mir in den letzten Wochen so alles im Kopf rumgeht! Ich habe schon verstanden, welche Entscheidung für mich ansteht.

Aber so einfach finde ich das nicht.

Mir ist schon mal eine Beziehung in die Grütze gegangen. Meine erste Frau wollte wegen des Jobs keine Kinder, da ging es ja noch mit der Trennung. Aber jetzt haben wir Kinder, auch ein gemeinsames. Was, wenn das jetzt in die Brüche geht? Ich kann mir das nicht vorstellen, weißt du?«

»Du hast Angst, ist klar.«

»Ja, natürlich habe ich Angst, verdammt! Meine Frau bekommt ja auch mit, dass ich nicht glücklich bin.«

»Woran merkt sie es denn?«

Victor muss lachen. »Also, du bist echt 'ne Marke, hey. Pass auf, du bist mein Barkeeper, dir vertraue ich alles an ... beinahe alles!« Er räuspert sich, nimmt einen Schluck aus dem Strohhalm.

»Also, meine Ex, die hat mich dauernd in so Beziehungsgespräche reingezogen, das hat mich unendlich genervt. Aber mittlerweile ist mir klar: Mit meiner neuen Frau hätte ich schon gern eine Basis, um auch mal über uns reden zu können. Ich meine, ich will ja mit ihr nicht gleich auf ein Tantra-Seminar oder so, aber irgendwie mehr Nähe wäre wunderbar. Mehr Tiefe. Weißt du, was ich meine?«

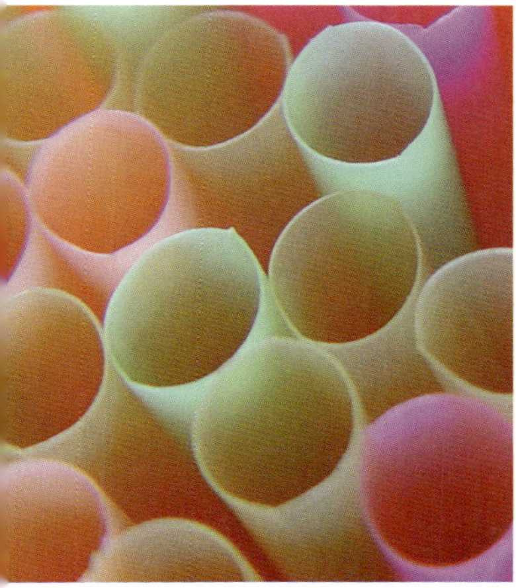

»Hmhm. Was willst du denn genau von ihr?«

»Ich will, dass sie zu mir steht. Auch mit weniger Geld.«

»Voll ins Schwarze. Was noch?«

»Ja, und da ist noch ... hm. Weißt du, meine Exfrau hat zwar immer so viel gelabert, aber im Bett war sie 'ne echte Granate. Und sie war eine ehrliche Haut. Wir waren viel enger, viel vertrauter, haben mehr miteinander geteilt, hatten mehr Spaß miteinander. Ich wünsche sie mir nicht zurück, echt nicht. Aber wenn meine Frau heute ein bisschen offener wäre ...

Früher ging bei uns auch ab und zu mal die Post ab. Sie ist ja keine Nonne. Aber seit die Kinder da sind, passiert nicht mehr so viel. Mit Überredungskunst klappt's ab und zu, aber ich will schon mehr als sie. Und auch mal anders.«

Seine Augenringe sind irgendwie noch dunkler geworden. Seine Mundwinkel haben einen bitteren Zug, wenn er redet.

»Sag's ihr.«

»Ja, ich weiß.«

»Sag ihr, was du von ihr willst.«

»Ja, Mann!«

»Mach dir nicht in die Hose. Du musst für dich einstehen. Ich schätze, sie

Kannst du deinen Anspruch an dich selbst jederzeit und in jeder Situation einlösen?

wartet darauf. Aber sie wird nicht ewig warten.«

»Aber mal ganz ehrlich, Bruno.« Er beugt sich ein Stück vor und schiebt sein leeres Glas zur Seite. »Kannst du denn immer tun, was du für sinnvoll erachtest? Kannst du deinen Anspruch an dich selbst jederzeit und in jeder Situation einlösen?«

Ich zögere, werfe mein Handtuch über die Schulter und stütze mich mit beiden Händen auf die Spüle. »Hm, ich bin nicht Superman, habe ich das schon erwähnt? Aber ich glaube schon, dass ich Ernst mache.«

Ich bin nicht Superman, habe ich das schon erwähnt?

Victor dreht die leeren Handflächen nach oben: »Und? Beweise? Belege? Beispiele?«

Er prüft mich. Natürlich meint er damit eigentlich sich selbst, er prüft mich stellvertretend, denn ganz offensichtlich will er auch so langsam Ernst machen.

»Okay, Hohes Gericht, verehrte Geschworenen«, ich richte mich auf und hebe eine Hand. »Ich habe letzten Monat einen Auftrag abgelehnt. Obwohl ich den Umsatz gut hätte gebrauchen können. Es ging um eine Veranstaltung für Führungskräfte, ich sollte einen Vortrag halten. Thema: Balance im Leben. Mein Paradethema. Meine Zielgruppe. Gutes Geld. Termin passte. Alles bestens. Aber ...«

»Aber?« Victor zieht die Augenbrauen hoch und neigt seinen Kopf leicht nach vorne.

»Aber im Gespräch mit dem Auftraggeber kam für mich klar heraus: Im Prinzip wollte er seine Leute nur benutzen. In Wahrheit hatte er kein Interesse an ihnen. Er hatte kein echtes Anliegen, wollte mit meinem Vortrag nur eine Bespaßung liefern, um für gute Stimmung zu sorgen. Mein Vortrag sollte nichts bewirken. Ob mein Vortrag dem Publikum helfen würde, künftig mit Druck besser umzugehen, war ihm wurscht. Im Gegenteil. Eigentlich wollte er, dass seine Leute gnadenlos Gas geben und Geld reinholen, der Rest war egal. Aber es wirkt ja immerhin sozial, wenn er ihnen für viel Geld einen Typen vorsetzt, der ihnen Tipps gibt, wie sie alles unter einen Hut kriegen und rundum glücklich werden. Ich sollte sozusagen als Pausenclown engagiert werden. Eine Alibi-Veranstaltung. Also ...«

»Also?«

»Also habe ich ihn gebeten, den Betrag, den er für mein Honorar eingeplant hatte, für einen echten Clown auszugeben oder einem wohltätigen Zweck zu spenden. Ich habe ihm gesagt, dass ich lieber zu Hause vor einer Wand reden würde, als zu seiner Veranstaltung zu kommen.«

»Oh, wow!«

»Jawohl. Allerdings ist das nun auch nicht sooo heldenhaft, oder? Ja, es hat ein bisschen Mut erfordert und es war auch Mist, weil die Kohle flöten ging. Seinem Anspruch gerecht zu werden, hat eben manchmal seinen Preis. Manchmal hat man den Mumm, ihn zu bezahlen, manchmal nicht …«

Seinem Anspruch gerecht zu werden, hat eben manchmal seinen Preis.

»Doch, doch, ich glaube, du bist doch Superman.« Victor grinst, langt über den Tresen und gibt mir einen Klaps auf die Schulter.

Danke, sollte das wohl heißen. »Gern geschehen«, sage ich. »Noch einen Drink?«

»Nee, lass mal. Ich geh nach Hause.« Er legt einen Schein auf den Tresen.

Ich vermute, ich werde ihn jetzt eine Weile nicht mehr sehen. Das finde ich schade.

»Hm, tu mir einen Gefallen, ja?«

»Ja?«

»Bitte komm eines Tages mal vorbei und erzähl mir, wie es ausgegangen ist. Okay?«

»Okay, Sportsfreund.« Er gibt mir die Hand wie ein Kumpel, lacht, nimmt seine Jacke und geht.

Die zwei Mädels, die gerade zur Tür hereinkommen, treten einen Schritt zur Seite, machen ihm Platz, er grinst sie an, sie bekommen riesige Augen, schauen ihm auf den Hintern, sobald er an ihnen vorbei ist, und kichern los, sobald er durch die Tür ist. Sie halten sich beim Lachen die Hand vor den Mund und benehmen sich wie die Schulmädchen. Was für ein lässiger Typ!

2
Piña Colada
Gesundheit
Erfolg
Familie

6 cl weißer Kuba-Rum
8 cl Ananassaft
6 cl Cream of Coconut
Frische Ananas
Amarenakirsche
Crushed Ice
Muskatnuss

»Eine Piña Colada für mich, bitte.«

»Geht klar.«

Ooooch, der Arme. Dieser Gast macht ja einen erbärmlichen Eindruck. Während ich mir den Boston Shaker, das Mixglas und den weißen Rum greife, werfe ich noch mal einen Blick rüber: Typ Opfer, ganz klar. Hängende Schultern. Weiche, etwas unförmige Körperform, runder Rücken, leichtes Übergewicht, bisschen schwabbelig. Sport macht der keinen, so viel ist sicher. Und viel Sex hat der sicher auch nicht, jedenfalls finde ich kaum eine Spur von irgendwas, worauf Frauen fliegen könnten.

Na ja, gut gekleidet ist er. Manager, so um die vierzig, aber mit einem Schuss zu viel Verantwortung für seine Konstitution, schätze ich. Erfolgreiche Menschen jedenfalls haben eine andere Ausstrahlung, eine andere Körperspannung, einen anderen Blick. Seiner geht immer nach unten, er nimmt seine Umgebung kaum wahr. Scheint zu grübeln, ist sehr mit sich selbst beschäftigt. Der muss unter Druck stehen oder eine mentale Last tragen, die ihn Richtung Boden beugt. Entweder ist sein Leben zu hart für ihn. Oder er ist zu weich für sein Leben.

Und was er da bestellt hat! Ich hole den Ananassaft aus dem Kühler. Eine Piña Colada, auf Deutsch etwa »durchgesiebte Ananas«, ist ein Drink für die Hängematte. Abendsonne unter Palmen, Karibik. Süß, cremig, fruchtig. Bei mir bestellen den zu neunzig Prozent Frauen. Würde Daniel Craig jemals in einer Bar eine Piña Colada bestellen? Ich muss laut lachen. Die Leute an der Bar schauen mich an. Aber ich darf das, einfach so loslachen, ich bin schließlich der Barmixer.

Kokosnusscreme, ein weiterer Griff in den Kühler hinter mir. Ich nehme immer echte Creme, diese Panscherei mit Kokos-Barsirup und Schlagsahne finde ich eklig. Vielleicht liegt es daran, dass ich aus einer bodenständigen Winzerfamilie stamme, in der auf Panscherei schon immer quasi die Todesstrafe stand. Ich bin für echt, geradeaus, ehrlich, keine krummen Sachen. Wie der Schwabbeltyp es wohl damit hält? Was der wohl für Prinzipien hat? Eins ist jedenfalls sonnenklar: Dem fehlt der richtige Mix im Leben.

Dem fehlt der richtige Mix im Leben.

Ich mache ihm erst mal seinen Drink: In das Cocktailglas kommt bei mir nur Würfeleis – da durchmischt sich der Drink leichter, kühlt schneller und verwässert nicht. Dann 6 cl Rum (Kuba!), 8 cl Ananassaft und 6 cl Kokoscreme. Boston Shaker drauf, leicht schräg. Kleiner Schlag mit dem Handballen, das Teil sitzt. Und jetzt hoch die Büchse und shaken! Da blicken die Leute immer kurz zu mir hin. Entsprechend steigt ihr Energieniveau, denn mein Grinsen wirkt immer. Nur der Typ, für den ich hier 15 Sekunden lang den Drink schüttle, schaut nicht zu mir rüber. Na abwarten, den kauf ich mir noch. Aus der Jangada Bar geht keiner mit hängenden Ohren raus.

Während ich meine Show abziehe, kommt ein zweiter Geschäftsmann rein. Etwa Mitte vierzig. Eine komplett andere Ausstrahlung als mein Hängemattenträumer hat der: energische Schritte, aufrechte Haltung, straffe Schultern. Von Übergewicht keine Spur. An der Halsmuskulatur oberhalb von dem auch um diese Zeit noch tadellos sitzenden Schlips kann ich sehen, dass der Sport macht. Mindestens Fitness-Studio. Das Gesicht ist viel wacher, die Augen fokussieren, er strahlt Sicherheit aus. Jetzt geht er auf Hängematte zu und klopft ihm lässig auf die Schulter.

»Na, Kollege, wie ist die Stimmung?«

Sofort strafft sich auch Hängematte. »Ah. Schon okay. Und Sie, auch mal wieder in der Gegend, was?«

Der Straffe setzt sich daneben in den Ledersessel. Eine dieser belanglosen Unterhaltungen zwischen Businesstypen startet. So, wie schon tausend Male zuvor in der Jangada Bar. Wichtiges Projekt. Ach ja. Umstrukturierung. Mhmhm. Neue Tochterfirma. Klar. Alle total busy. Kenn ich. Reorga. Eben. Sauenge Deadline. Jaja. Wenn nur die anderen. Genau. Und der Chef. Na, wie immer halt. Bei uns auch. Post-Merger-Integration. Immer die Blockierer. Wem sagen Sie das. Kein Vorbeikommen. Exakt.

Ich öffne den Shaker – Metallteil nach unten, Glas nach oben, Schlag mit dem Handballen genau auf die Seite, der Shaker geht auf. Das Cocktailglas fülle ich zur Hälfte mit Crushed Ice, dann den sahnigen Drink drüber, durch den Strainer, das Barsieb. Daumen und Mittelfinger halten den Mixer, der Zeigefinger das Sieb. Hoppla! Wieder zu viel Schwung gehabt. Ich wische das Glas außen ab. Deko drauf: Ananasstückchen plus Amarenakirsche plus Ananasblatt mal Spießchen gleich Palmenstrandfeeling. Wenn ich lustig bin, streue ich noch ein wenig Muskatnuss oben auf den Schaum. Heute bin ich lustig.

Aus der Jangada Bar geht keiner mit hängenden Ohren raus.

Als ich Hängematte seinen Drink an seinen Tisch bringe, wirft mir der andere einen raschen Blick zu, schaut dann kurz auf seine Breitling und entscheidet sich dann dagegen, was zu trinken. Die Gesellschaft scheint ihm augenscheinlich nicht spannend genug zu sein. »Tja, Kollege, ich seh gerade, wie spät es schon ist. Ich hab noch einen Conference-Call mit Seattle. Also, ich muss dann. Lassen Sie uns noch Kärtchen tauschen ... Und wenn Sie mal wieder in der Nähe sind ...«

»War nett.«

»Dito.«

Und weg ist er. Auf dem Weg zu seinem nächsten Erfolg oder auf dem Weg zu einer Bar mit Gästen, die er interessanter findet. Einen besseren Drink als bei mir bekommt er zwar nirgends in der Gegend, aber mir gefällt, dass er ganz offenbar nicht gewillt ist, mit irgendwem seine Zeit zu vergeuden, sondern sein Schicksal in die Hand nimmt und selbst bestimmt, wen er trifft und was er erlebt. Ganz im Gegensatz zu meinem Ananasschlürfer hier. Das ist nämlich der Punkt. Ich sehe es ihm an: Das Thema des Abends lautet Selbstverantwortung. Und die Problemfelder? Hm. Sport, Fitness, Bewegung, Gesundheit. Das ist das erste. Das kann man sehen. Selbstverantwortung ist eine Voraussetzung für Disziplin. Und Disziplin ist eine Voraussetzung für Fitness und Gesundheit.

Das zweite Problemfeld ist Erfolg. So wie der da rumhängt, reißt man keine Bäume aus. Zum Bäumeausreißen im Business braucht man neben Disziplin und Beharrlichkeit klare Ziele und eine Vorstellung von dem Weg zum Ziel. Unter anderem. Und um klare persönliche Ziele zu erkennen, muss man wissen, was wichtig und richtig für einen ist, und dazu braucht man – genau: Selbstverantwortung.

> Das Thema des Abends lautet Selbstverantwortung.

Und das dritte Problemfeld? Ich tippe mal: Beziehung, Familie, Kinder. Welche Frau erträgt auf Dauer einen Waschlappen? Welche Kinder nehmen sich ein Opfer zum Vorbild? Und dann noch der Job mit vielen Übernachtungen in Hotels und wenig Zeit für Frau und Kinder? Das schafft man auf langer Strecke nur, wenn die Beziehungen innerhalb der Familie super funktionieren. Und das traue ich ihm aus irgendeinem Grund nicht zu. Aber vielleicht täusche ich mich ja. Ich werde das rauskriegen. Früher oder später öffnen sie sich alle. Na ja, die meisten.

»Noch einen Drink?«

»Was? Oh. Ja, okay, gern noch einen. Der schmeckt toll.«

»Ist auch der beste in der Stadt. Süß, fruchtig. Zwar nicht gerade was für harte Kerle, aber baut auf, wenn im Innern nicht alles im Lot ist, gell?«

Das sitzt. Er zuckt merklich zusammen. Entweder er kommt jetzt rüber und setzt sich an die Bar, oder er lässt den halben Drink stehen, zahlt und geht in der nächsten Viertelstunde.

Während ich die Zutaten in den Shaker schütte, beobachte ich ihn aus dem Augenwinkel. Seine Körperhaltung ist schlecht. Und das hat immer etwas mit

Zum Bäumeausreißen im Business braucht man neben Disziplin und Beharrlichkeit klare Ziele.

der inneren Haltung zu tun. Jedenfalls meiner Erfahrung nach. Mir macht es Spaß, Hypothesen über meine Gäste auszuspinnen. Meine Bar ist mein Trainingsplatz. Dass ich tagsüber mein Geld ganz anders verdiene, weiß hier kaum einer.

Innere und äußere Haltung. Neulich bin ich einem bulligen Typen begegnet, locker 100 Kilo bei 1,80 Größe, Riesenbrustkorb. Trotzdem einen runden Buckel und hängende Schultern. Schleppender Gang mit hängenden Armen. Der war aber überhaupt nicht schlaff, im Gegenteil, nur trug er seelisch eine riesige Last mit sich herum, wie ich dann später erfahren habe. Wahnsinnig viel Verantwortung und viel Leid. Er arbeitet im sozialen Bereich, mit Missbrauchsopfern, und sieht und hört tagtäglich so viele Dinge, die kaum zu ertragen sind. Aber er trägt seine Bürde mit Würde. Übernimmt die volle Verantwortung und zahlt seinen Preis. Und so war er auch nicht etwa kränklich, sondern stark wie ein Bär. Mein Freund Hängematte hier allerdings hat auch einen schleppenden Gang und hängende Arme, wie ich gerade sehen kann, da er sich tatsächlich hochwuchtet und zur Bar schleppt. Nur sieht das nicht würdevoll aus, sondern einfach nur schlapp und müde.

»Hallo, Sportsfreund, ich setz mich lieber hierher. Schön haben Sie's hier.«

Okay, die nächsten zwei Stunden sind gebucht, so viel ist klar. Als Erstes interessiert mich, ob ich mit der schwachen Gesundheit richtigliege und wie sich das auf seinen beruflichen Erfolg auswirkt. »Nur zu, Meister, in den Ledersesseln kann man ja auch nicht lange sitzen, ohne Kreuzschmerzen zu kriegen, stimmt's?«

Das Problem ist nicht die Intelligenz, sondern der Mangel an Selbstverantwortung.

Erstaunt blinzelt er mich an. Woher ich nur weiß, dass er Kreuzschmerzen hat? Und im Laufe des Gesprächs erfahre ich noch mehr. Er ist am Ende seiner Kräfte. Kann nicht mehr richtig schlafen, steht schon morgens hundemüde auf. Seine Kon-zentration lässt nachmittags immer schneller nach. Logisch, dass er sich literweise gesüßten Kaffee reinschüttet, wie so viele. Seine Blutwerte lassen schwer zu wünschen übrig. Übergewicht. Neigt zu Erkältungskrankheiten und ständig sind die Nasennebenhöhlen zu. Das Immunsystem scheint auch nicht mehr auf der Höhe zu sein.

Also, die meisten Leute wissen sehr wohl, dass es zwischen körperlicher, psychischer und seelischer Gesundheit einen engen Zusammenhang gibt. Sie wissen, dass sie im Kopf nur dann klar und leistungsfähig sein können, wenn sie körperlich in einem guten Zustand sind und vor allem auf Schlaf, gute Ernährung und ausreichendes Trinken achten. Ihnen ist keineswegs schleierhaft, dass sie nur dann im Beruf ihre volle Leistungsfähigkeit abrufen können, wenn sie fit sind. Das würden Sie auch unterschreiben, stimmt's?

Und was machen sie? Sie essen zu viel und bewegen sich zu wenig, sie nehmen zu viel Zucker und zu wenig reines Wasser zu sich, sie trinken zu viel Kaffee und zu viel Alkohol und sie rauchen. In Kaffee, Alkohol und Zigaretten sind hochwirksame Nervengifte enthalten. Genau, Koffein, Alkohol und Nikotin sind eigentlich Nervengifte, die in entsprechender Dosis tödlich sind. Wir nehmen sie wegen der kurzfristigen psychischen Wirkungen, aber die anderen, langfristigen Nebenwirkungen haben sie eben auch und die sind auf Dauer und je nach Menge fatal. Wir wissen das. Trotzdem pfeifen wir uns während des Arbeitstags regelmäßig das Zeug rein.

Und das ist noch nicht alles an Giften. Als Barmixer weiß ich das, denn mir verschweigen die Leute wenig: Koks nehmen mehr Businessleute, als Sie denken. Das Gramm wird schon für 60 € an den Arbeitsplatz geliefert. Viele schlucken Antidepressiva: Citalopram, Mirtazapin, Amitriptylin. So schummeln sie sich durch den Tag, im Austausch gegen Kopfschmerzen, Zittern, Nervosität, Schlafstörungen, Libidostörungen, Müdigkeit, Alpträume, Halluzinationen, Krampfanfälle, Verwirrtheit, Magen-Darm-Probleme, Schwindel, Gewichtszunahme oder Hautausschlag. Siehe Beipackzettel. Und neuerdings zum Aufputschen Ritalin, eigentlich ein Psychopharmakon für Kinder gegen Aufmerksamkeitsdefizitstörungen. Trotzdem auch eine Droge, die missbraucht werden kann. Die missbraucht wird. Und die Nebenwirkungen sind auf Dauer fatal. Das Zeug geht auf die Leber und kann Parkinson hervorrufen. Teufelszeug. Und trotzdem können die gestressten und überforderten, müden und gehetzten Businesstypen die Finger nicht davon lassen. Warum nur? Sind doch alles intelligente Leute.

Körper an Großhirn! Das halten wir auf die Dauer nicht durch! Lass uns doch bitte mal 'ne Pause machen!

Das Problem ist nicht die Intelligenz, sondern der Mangel an Selbstverantwortung.

Die erste Hochphase, in der beruflich noch alles blendend läuft, hält meistens fünf, sechs Jahre an. Sie sind auf der Karriereleiter nach oben geklettert, haben vielleicht eine Familie gegründet, ein Haus gekauft, ein schickes Auto. Läuft doch alles gut, keine Zeit, irgendwas zu hinterfragen. Und es gibt ja auch keinen triftigen Grund, oder? Der Job ist stressig, aber der Verdienst ist geil. Nur, so langsam schwinden die Energien. Erste Signale des Körpers melden: Körper an Großhirn! Körper an Großhirn! Das halten wir auf die Dauer nicht durch! Lass uns doch bitte mal 'ne Pause machen! Ich schicke mal 'ne saftige Erkältung mitten im Urlaub!

Doch die Termine stehen, die Businessziele sind stramm, die Konkurrenz sitzt Ihnen im Nacken. Weiter geht's. Es wird schon gehen. Kaffee hält wach, Alkohol betäubt die schlechten Gedanken, die Zigarette hält am Laufen. Keine Zeit für Pausen, keine Zeit für Sport, Essen egal, abends Glotze.

Dann schickt der Körper ein Pfeifen im Ohr oder üble Kopfschmerzen oder Magenbeschwerden oder einen Bandscheibenvorfall oder ein chronisches Lidzucken. Und? Langt's dann endlich? Mitnichten, es geht immer weiter. Nebenbei werden Sie fetter, weil Sie keinen Sport machen, der Körper verschlackt, weil Sie ihn nicht entgiften und nicht ausreichend mit klarem Wasser durchspülen. Zu viel Zucker in gesüßten Getränken malträtiert die Bauchspeicheldrüse und bereitet schon mal den Diabetes vor, und das alles passiert unmerklich und scheinbar unaufhaltsam unter der Oberfläche des beruflichen Erfolgs.

Nur: Die Zahlen sind leider auch nicht mehr so toll wie früher. Es wird immer mühsamer, je älter Sie werden, mit den jungen, (noch) fitten Konkurrenten mitzuhalten. Einen Vierzehnstundentag machen die mit dreißig noch locker ... und Sie?

Am Ende kommt dann die Keule, ein Burn-out oder was Chronisches. Tinnitus zum Beispiel. Oder Herz-Rhythmus-Störungen. Und wie sieht es dann mit dem Erfolg aus? Geschäfte mit dem Handy vom Krankenbett aus?

> Am Ende kommt dann die Keule, ein Burn-out oder was Chronisches.

Laut Einschätzung aller Akteure im Gesundheitswesen werden psychisch bedingte Krankheiten weiter zunehmen. Die WHO erwartet, dass sie zur Nummer eins aufsteigen und die drei größten unserer Leiden im Jahr 2020 Herzinfarkt, Depression und Angststörungen sein werden – und damit ein Drittel aller Krankheiten ausmachen. Mit dem steigenden Leistungsdruck insbesondere am Arbeitsplatz, aber nicht nur da, steigt auch die Nachfrage nach verschreibungspflichtigen Antidepressiva – Prozac & Co. Waren es in Deutschland im Jahr 1999 noch 385 Millionen Tagesdosen, so wurden 2008 bereits 974 Millionen verbraucht. Tagesdosen. Tendenz weiter steigend. Und was einmal gesagt werden muss: Antidepressiva helfen vielleicht kurzfristig dabei, über den Tag zu kommen, aber sie beseitigen nicht die Ursachen für ein unerfülltes, unbefriedigendes Leben. Für Menschen mit echten, akuten depressiven Schüben sind sie – unter ärztlicher oder gar klinischer Kontrolle für einen gewissen Zeitraum eingenommen – sicherlich notwendig. Aber den Medikamentenmissbrauch zur vermeintlichen Leistungssteigerung, den will ich hier mal ausdrücklich verteufeln. Übrigens hat man festgestellt, dass bei leichten Depressionen Ausdauersport genau so wirksam ist wie Medikamente. Und Ausdauersport braucht keinen Beipackzettel.

Auf Dauer richten ausnahmslos alle Drogen Schlimmes an.

Auf Dauer richten ausnahmslos alle Drogen Schlimmes an: Antidepressiva machen nicht glücklich, sie machen nur noch mehr krank, wenn man sie ständig einwirft. Das dauerhafte Einnehmen von Psychopharmaka ist keine Heilmethode oder Hilfe, sondern ein Symptom für einen extrem ungesunden Lebenswandel.

Um es mal klar zu sagen: Ein dauerhaft ungesunder Lebenswandel ist unverantwortlich gegenüber dem Arbeitgeber. Unverantwortlich gegenüber den Kollegen. Unverantwortlich gegenüber der eigenen Familie. Und unverantwortlich gegenüber sich selbst. Das ist der Kern des Problems. Ein berufstätiger Familienvater, von dessen Leistungsfähigkeit jede Menge Menschen abhängen, der seinen Körper nicht systematisch fit hält, weigert sich ganz schlicht und einfach, Verantwortung zu übernehmen.

Joggen kann man überall.

Sie argumentieren, das seien eben die heutigen Bedingungen für Erfolg? Ohne einen gesunden Körper werden Sie auf Dauer keinen Erfolg im Business haben. Oder die Zwänge des speziellen Berufs? Unsinn, keiner zwingt Sie zu schlechtem oder zu viel Essen, auch nicht auf Geschäftsreisen. In jedem guten Businesshotel gibt es Fitness- und Wellness-Einrichtungen. Keine Woche ist terminlich zu voll, um aufs Fitnessstudio verzichten zu müssen. Brauchen Sie nicht mal. Für effektive Kräftigungs- und Dehnübungen oder Meditation ist kein einziges Gerät nötig. Joggen kann man überall. Jeden Tag im Büro oder im Auto können Sie zwei Liter

Wasser trinken. Keiner zwingt Sie, mehr als drei Tassen Kaffee am Tag zu trinken. Jeden Abend ein, zwei, drei Biere oder Rotwein, damit man besser einschlafen kann? Hören Sie auf! Alles Ausreden!

Jeden Abend ein, zwei, drei Biere oder Rotwein, damit man besser einschlafen kann? Hören Sie auf! Alles Ausreden!

»Aber warum halten Sie sich denn nicht ein bisschen besser in Form?«, frage ich Hängematte ganz dreist. »Sie waren doch bestimmt mal ein toller Hecht! Glauben Sie, Ihre Kunden, Ihre Kollegen und Ihr Chef haben heute Respekt vor Ihnen, wenn Sie schon schnaufen wie ein Walross, bevor Sie die Treppe halb hochgekommen sind?« »Na, Sie gehn aber ran! ... Aber Sie haben ja recht. Ich weiß auch nicht. Ich würde ja gerne. Aber ich schaffe das nicht. Wenn ich könnte, wie ich wollte. Es ist mir irgendwie alles zu viel. Überall Anforderungen. Und dann auch noch Zeit für die Gesundheit ...«

»Glauben Sie mir, bevor Sie sterben, nimmt sich Ihr Körper die ganze verlorene Zeit auf einmal. Typen wie Sie fallen nicht einfach mit einem Herzinfarkt um. Sie bekommen erst noch einen super Burn-out. Dann geht gar nichts mehr. Und dann haben Sie Zeit. Zum Nachdenken.«

Wessen Opfer sind Sie eigentlich dauernd?

»Worüber denn nachdenken?«

»Zum Beispiel darüber, wessen Opfer Sie eigentlich dauernd sind. Noch einen Drink?«

Am gleichen Tag der nächsten Woche

kommt er abends wieder. Ich erkenne ihn sofort an seinem Gang und seiner Miene, und ich muss unwillkürlich an ein Schwein denken, das just vom Lastwagen runter durch das Tor des Schlachthofs trottet. Aber irgendwie ist er mir auch nicht unsympathisch. Und er dürfte mal durchaus attraktiv auf Frauen gewirkt haben, könnte ich mir vorstellen. Ist vielleicht schon ein paar Tage her, aber unter den geschwollenen Tränensäcken, den hängenden Wangen, den fleischigen Lippen, den nach unten gebogenen Mundwinkeln und unter der wächsernen Haut erkenne ich, wenn ich meine ganze Fantasie zusammennehme, so einen Typ à la Matt Damon. Im Ernst.

Diesmal setzt er sich gleich an die Bar. Ich kann nicht widerstehen und ziehe einen alten Trick ab: Ich drehe ihm den Rücken zu und schaue ihn gar nicht an. Er versucht, meine Aufmerksamkeit zu gewinnen, aber ich bin beschäftigt. Ananassaft, Rum, Kokoscreme. Er wird ungeduldig. Ich mixe.

»Äh, hallo!« Ich mixe. Crushed Ice. Ananasdeko.

Kurz bevor er sauer wird, stelle ich ihm seinen Drink vor das verdutzte Gesicht. »Eine Piña Colada, stimmt's? Guten Abend. Wie geht's Ihnen heute?«

»Oh, äh. Danke, ja, gerne. Gutes Gedächtnis. Guten Abend. Gut. Ganz gut, ja.«

»Das freut mich. Sie sehen auch irgendwie besser aus als letzte Woche. Gutes Wochenende gehabt?«

Sofort sackt er wieder in sich zusammen und schaut in sein Cocktailglas. »Na, ja. Wie man's nimmt.«

Er wird ungeduldig. Ich mixe.

»Und Sie nehmen's wie immer von der tragischen Seite, stimmt's? Ich komm gleich wieder, da drüben kommt die australische Frauenhockeynationalmannschaft, die sind durstig. – G'day, ladies!«

Ich nehme eine Riesenbestellung auf, darunter allerdings keine einzige Piña Colada, und mixe in den nächsten Minuten rekordverdächtig. Mein Ananasfreund muss warten. Aber dann wird er auf seine Kosten kommen, denn heute bin ich mal dran. Ich werde ihm ein wenig von mir erzählen. Wenn ich rausfinden will, wie es mit Problemfeld Nummer zwei, Familie, steht, muss ich ein wenig vorlegen, damit er aufmacht.

Einen Drink später, nach all den Hockeyfrauendrinks, geht's los.

»Heute mache ich richtig Trinkgeld. Die Girls da drüben finden mich extrem anbetungswürdig. Ist schon ein geiler Job, den ich da habe. … So etwas Ähnliches ist Ihnen doch gerade auf der Zunge gelegen, stimmt's? Geben Sie's zu!«

»Hey, Mann, können Sie Gedanken lesen oder was? Ist echt so. Sie haben einen beneidenswerten Job.«

Da, wo Sie heute stehen, haben Sie sich selbst hingestellt. Ist so. Basta. Sorry.

Nein, ich kann nicht Gedanken lesen. Nur ganz gut Gesichter beobachten. Und ja, mein Job ist beneidenswert. Ich habe ihn mir schließlich selbst ausgesucht. Das könnte Hängematte prinzipiell auch machen, wenn er wollte. Vermutlich hätte er sich, wenn er gewollt hätte, irgendwann sogar eine ganze Bar kaufen können. Oder sich sonst einen Traum erfüllen können. Aber was hat er stattdessen gemacht? Und wohin hat ihn das geführt? Und wer ist verantwortlich dafür? Eben.

So wie ihm geht es vielen, vielleicht auch Ihnen. Der Job ist eben nur ein Job. Ja früher, da war der Hormonspiegel noch anders in seiner Zusammensetzung, da haben Sie für Ihren Job gebrannt. Heute riechen Sie nur noch die Asche. Da frage ich Sie: Wer hat denn entschieden, dass Sie diesen Job machen? Und nicht einen anderen? Wer hat Sie davon abgehalten, Ihren Traumberuf auszuüben? Wer hat behauptet, dass es nicht möglich ist, jetzt noch umzusatteln? Und wenn Sie zu dem Entschluss kommen, dass es in Ihrer momentanen Situation aus welchen Gründen auch immer unklug wäre, morgen zu kündigen, dann sagen Sie sich doch wenigstens bitte einen Satz wie: »Ich behalte ganz entschieden und mit voller Absicht meine Position, meinen Job, weil ich den Preis, den mich die Alternativen kosten würden, bedacht habe und der mir im Moment zu hoch ist. Ich weiß jetzt, was ich will. Zumindest für den Moment.«

Ich will es noch klarer machen: Entscheiden Sie sich noch einmal ganz bewusst und verantwortlich dafür, wozu Sie sich in der Vergangenheit ohnehin schon entschieden haben. Vielleicht war das damals eine unbewusste Entscheidung, vielleicht haben Sie sich auch nur indirekt durch das Vermeiden von Entscheidungen entschieden oder Sie haben andere über Ihr Leben entscheiden lassen oder Sie haben sich nicht gewehrt und es ist einfach irgendwie so gekommen. Was am Ende des Tages alles auf das Gleiche hinausläuft. Entschieden haben Sie sich. So oder so. Da, wo Sie heute stehen, haben Sie sich selbst hingestellt. Ist so. Basta. Sorry.

Die gute Nachricht: Sie können sich jederzeit neu entscheiden. Jetzt zum Beispiel.

Also: Entscheiden Sie sich jetzt für diesen Job, für diese Position, für diesen Chef, für dieses Gehalt, für dieses Körpergewicht, für diese Frau, für diese Nachbarschaft, für diesen verrückten Irish Setter als Haustier oder für was auch immer. Sagen Sie: »Ich höre jetzt auf zu jammern. Ich mache jetzt Schluss mit allen Schuldzuweisungen. Weil ich weiß, dass ich mich sofort anders entscheiden und etwas anderes machen könnte. Aber den dafür fälligen Preis bin ich nicht bereit zu zahlen. Jedenfalls jetzt noch nicht.«

Uff. Solch schwerwiegende Entscheidungen bewusst zu treffen, ist keineswegs leicht, ich weiß. Aber sich nicht zu entscheiden, ist auch eine Entscheidung, wenn auch nicht immer eine bewusste. Bewusste Entscheidungen machen Sie unabhängig, geben Ihnen die Kontrolle über Ihr Leben zurück, manövrieren Sie raus aus der Opferrolle. Das wär doch was, oder wollen Sie das etwa nicht?

> Die gute Nachricht: Sie können sich jederzeit neu entscheiden.

Hängematte will. Zumindest im Moment. Ich erzähle ihm jetzt, wie das bei mir war. Ich bin heute zwar ein Strahlemann, aber dafür habe ich mich nur deshalb entschieden, weil ich weiß, wie die dunkle Seite des Lebens aussehen kann.

Nachdem ich die Schule mit minimalistischem Aufwand und einem lausigen Abischnitt hinter mich gebracht hatte, bin ich während meines Studiums – Sport und Wirtschaft in Köln und Mailand – immer ehrgeiziger geworden und habe angefangen, so richtig zu keulen. Ich gehörte zu den Jahrgangsbesten, bekam ein heiß begehrtes Stipendium, finanzierte mir ansonsten alles selbst durch Trainer-, Messe- und Promotionjobs, pendelte ständig zwischen Uni und Sporthochschule. Es war zeitweise echt hart. Die wenigen anderen Kommilitonen, die auch zwei Studiengänge parallel machen wollten, hatten schon längst das Handtuch geworfen. Ich zog es durch. Ich wollte es! Party machen und coole Reisen kamen nicht zu kurz, aber trotzdem: Ich war zum ersten Mal so richtig hungrig. Ich wusste: Wenn ich wirklich will, dann kann ich! Und dieses Bewusstsein gab mir ein unbeschreibliches Machtgefühl.

Ich wusste:
Wenn ich wirklich will,
dann kann ich!

Mit dieser Einstellung war ich gerade richtig warmgelaufen für das Berufsleben. Ich fing in einem Beratungsunternehmen an: Training und Coaching für Führungskräfte. Keine Ahnung von der Materie, aber sofort mittendrin. Und ich war höllisch gut. Das Feedback heizte mich weiter an. Ich wusste bald: Ich will mein eigenes Ding machen! Keine Lust mehr auf politische Spielchen in der Firma. Keinen Bock mehr auf Hierarchie-Hickhack und Fremdbe-stimmung. Ich war quasi genauso größenwahnsinnig wie all die anderen jungen Überflieger, die in dieser Stimmung Firmen gegründet haben, die heute die Weltmärkte beherrschen. Und das fühlte sich großartig an.

Ich war quasi
größenwahnsinnig
wie die anderen
jungen Überflieger.

»Und dann stehen Sie jetzt heute in einer Bar und mixen Drinks für müde alte Männer?« Hängematte macht einen scharfsinnigen Einwurf.

»Moment, die Geschichte ist ja noch nicht zu Ende!«, pariere ich lachend.

Dann erzähle ich ihm, wie ich kündigte und mich selbstständig machte. Ohne Geld. Ohne einen einzigen Kunden. Und als frischgebackener Vater. Ziemlich kühn! Aber es klappte. Ich war als Trainer viel unterwegs, verdiente gutes Geld, wohnte in schicken Hotels ... und wollte mehr.

Eines meiner Seminare trug den Titel »Fit zum Führen«. Es war gemeinsam mit Psychologen, Medizinern und Physiologen für gestresste Führungskräfte entwickelt worden. Mir war schnell völlig klar, wie ich selbst nie werden wollte. Ich kannte mittlerweile so viele kaputte Typen, die nach außen vom großartigen Schein lebten, von den Reaktionen auf ihren Erfolg. Letztlich aber waren sie gefangen in ihren Rollen, waren abhängig von ihren Statussymbolen. Kauften sich Dinge, die sie nicht brauchten, um Leute zu beeindrucken, die sie nicht mochten. In meinem Seminar analysierte ich das alles ganz genau. Es war also ganz offenbar unmöglich, dass ich selbst in so eine Falle geraten könnte. Ich hatte es im Griff! Dachte ich ...

»Ach! Jetzt wird's aber spannend ...« Mein Gast freut sich ganz offenbar, dass mein Bericht auf eine Katastrophe zusteuert. Denn mein anfänglicher Erfolg scheint ihm irgendwie unangenehm zu sein.

Ich hatte es im Griff! Dachte ich.

Also: Ich absolvierte nebenbei zahlreiche Zusatzausbildungen und gründete – ich konnte es nicht lassen – zu der Zeit, als mein zweiter Sohn zur Welt kam, gemeinsam mit einem Geschäftspartner eine neue Firma. Das komplette Geld war investiert. Der Start war nicht ganz einfach. Wir klotzten dermaßen ran, der Tag konnte gar nicht genügend Stunden haben. Nach den ersten sechs Monaten standen wir schon ganz gut da und begannen, Trainer und Leute fürs Büro einzustellen. Wir akquirierten ein DAX-Unternehmen nach dem anderen. Alles wurde immer größer, immer schicker, immer edler, immer teurer. Auch unser Lebensstil passte sich natürlich an. Auto. Haus. Urlaub. Was war ich stolz auf das, was ich auf die Beine gestellt hatte! Das war ein Kick!

»So, und jetzt kommt's, gell?«

Ja, jetzt kommt's. Zuerst waren es nur kleine Anzeichen. Der Aufbau der dynamisch wachsenden Firma hatte viel Zeit und Kraft gekostet. Oft war ich die ganze Woche nur unterwegs. Wenn ich am Abend oder erst am Wochenende völlig platt zu Hause hereinschneite, plagte mich das schlechte Gewissen gegenüber meiner Frau und meinen Kindern. Mir war klar, dass ich sie alle vernachlässigte. Die hatten sich mittlerweile ganz prima ohne mich organisiert. Aber die Firma stand eben im Vordergrund. Mein Argument zu Hause – ich bin sicher, das kennen Sie! –: »Aber ich tu das alles doch auch für euch!« Ja, ja. Gefragt hatte ich sie aber nicht, ob sie das überhaupt wollten. Ich geb's zu: Der Job war einfach spannender. Hier Verhandlungen um Millionen-Deals. Da vollgeschissene Windeln. Hier Big Business. Da musikalische Früherziehung. Hier Adrenalin. Da Geschichten aus dem Kindergarten. Ich wollte nun mal hier sein und nicht da. Na, bin ich jetzt ein Schuft? Und wie war ich zu mir selbst? Eine Psychologin sagte neulich zu mir: Die Art, wie wir unsere Kinder behandeln, ist ein Spiegel dessen, wie wir uns selbst behandeln. Volltreffer. Ich vernachlässigte meine Bedürfnisse komplett. Keine Pausen. Keine Zeit. Kein Sport. Keine Zeit. Keine Freunde. Keine Zeit. Schon lange nicht mehr. Der Erfolg kompensierte das alles zunächst komplett.

Ich geb's zu: Der Job war einfach spannender.

Zunächst. Aber dann. Mein Arbeitsschwerpunkt verlagerte sich mit wachsender Firmengröße. Mein Herzblut steckte eigentlich im Training, im Coaching, in der Arbeit mit den Teilnehmern. Aber nun war ich Unternehmer, vollgeknallt mit immer mehr Managementaufgaben. Das machte mich zunehmend unzufriedener. Irgendwie machte ich nicht mehr »mein Ding«, irgendwas trieb mich vor sich her. Die Stimmung in meiner Familie wurde immer schlechter. Irgendwie verlor ich die Kontrolle. Anstatt mein Hirn einzuschalten und die Notbremse zu ziehen, trieb die schlechte Stimmung daheim mich nur noch mehr aus dem Haus.

Irgendwie machte ich nicht mehr »mein Ding«, irgendwas trieb mich vor sich her.

Bei den Kunden konnte ich noch ganz gut so tun, als ob ich den besten Job der Welt hätte. Aber im Büro fiel mir das schon schwerer. Na, was soll's, es sah ja niemand so genau hin. Keiner achtete auf den anderen. Und dann kam der Tag des Erwachens, und der war nicht schön.

Auf einem Fortbildungswochenende ging es in einer Hammer-Übung emotional ans Eingemachte. Ich wehrte mich, ich wollte einfach nicht in Kontakt kommen mit dem, was da tief drinnen in mir los war. Ich hyperventilierte. Ich spürte erst ein Kribbeln in den Fingern, dann im Gesicht. Meine Hände verkrampften komplett. Ich konnte keinen Finger mehr bewegen, keinen Zeh, keinen Gesichtsmuskel. Dann gar nichts mehr. Klappe zu. Licht aus. Feierabend. Der ganze Bruno, ein einziger Krampf, das Gesicht entstellt zu einer Fratze. Ich wurde von vier Leuten aus dem Raum getragen, starr wie ein Brett. Dann endlich kam der emotionale Ausbruch. Endlich. Ich heulte Rotz und Wasser. Stundenlang. Meine Strahlemann-Maske funktionierte nicht mehr, ich war nicht mehr Herr der Lage, hatte das Steuer meines Lebens aus der Hand gegeben. Und war komplett am Boden zerstört. Meine Erfolgsgeschichte war zu Ende.

> Klappe zu. Licht aus. Feierabend.

Und meine Erzählung auch. Mein Gast ist still und schaut in sein Glas, das fast leer ist. Ich gehe erst mal rüber zu einem anderen Gast und einem anderen Drink.

»Heute geht's mir wieder gut«,

sage ich ein paar Minuten später, werfe mir mein Handtuch über die Schulter, schnappe mir sein leeres Glas und hole mal wieder den Ananassaft raus. »Heute lege ich das Leben nicht mehr auf die hohe Kante. Heute bezahle ich den Preis sofort.«

Flasche Rum. Flasche Coconut. »Meine Kinder sind übrigens inzwischen bei mir in die Champions League aufgestiegen. Und wenn ich trotzdem mal länger keine Zeit für sie habe, empfinde ich das als einen echten Verlust.«

Hängematte wird unruhig. Jetzt kommt das Thema Kinder. An der Stelle ist die Haut sehr, sehr dünn.

»Meine Jungs sind«, sagt er, »... na ja, es sind tolle Jungs. Ich finde, sie machen das gut. In der Schule und so. Der große ist im Fußball. Prinz Poldi ist sein größter Star.« Hängematte wird lebhaft und strahlt zum ersten Mal an diesem Abend.

Ich seufze. Zögere. Fülle erst mal das Eis in das Mixglas. Er tut mir ein wenig leid. Ich messe die drei Flüssigkeiten mit dem Messbecher ab. 6 cl. 8 cl. 6 cl. Aber es muss eben sein. Ich schaue ihm in die Augen. »Schön. Und jetzt habe ich eine Frage. Bitte eine spontane Antwort. Wie heißt der beste Freund Ihres ältesten Sohnes?«

»Oh. Äh. Ich ...«

»Schon gut, bitte keine Rechtfertigungen. Ist voll okay. Aber Sie haben verstanden, was ich damit meine, ja?«

Jetzt habe ich ihn wirklich angeschossen. Er wird sogar ein bisschen sauer. Es sind wohl noch nicht alle seine Akkus bei null Ampere: »Mensch. Jetzt aber! So ist das eben. Ich muss halt arbeiten. Und das ist ein stressiger Job. Mein Gott, ist doch egal, wie der Freund heißt. Ich weiß, wie er aussieht. Sven oder Stan oder so. Warum muss ich das wissen? Bin ich deshalb kein guter Vater oder was? Wenn ich eine enge Deadline hab, dann muss ich halt ...«

Der Preis lautet: viel unterwegs. Verzicht auf glückliche Ehe. Verzicht auf erfüllte Vaterrolle. Zahltag!

»Ich muss pinkeln.«

»Was? – Na, Mann, dann mal los!«

»Sogar mehrmals täglich. Und schlafen. Und atmen.«

»Ach so.«

»Ja, und essen und trinken muss ich auch. Und sterben, eines Tages, ich weiß nur noch nicht, wann. Das muss ich. Aber das ist auch schon alles.« Ich mache Pause. Er ist ganz Auge und Ohr. Er begreift. »Das ist alles, was ich muss. Alles andere ...«, ich hole zu einer dramatischen Geste aus, »... das alles hier, das ganze restliche Leben, das *muss* ich nicht, das *will* ich. Alles!« Hängematte schluckt. »Ich hab's mir ausgesucht. Meine Arbeit, mit allem, was dazugehört. Sonst würde ich was anderes machen. Und meine Frau ... Und wo ich wohne ... Und mein Kontostand ... Und dass ich mich um meine Kinder kümmere. Selbst meine Steuern will ich zahlen, sonst wäre ich schon lange ausgewandert oder Hartz-IVler geworden oder im Knast, denn das wäre der Preis gewesen, wenn ich die Steuern nicht zahlen wollte. Na, wollen Sie Steuern zahlen?«

Ich stelle ihm seine neue Piña Colada hin. Er hängt noch im Widerstand fest. »Na, Sie sind ja wohl Mr. Perfect, oder?«, brummelt er. »Kein Mensch kann so konsequent sein und alles im Leben selbst bestimmen. Ich jedenfalls kann das nicht. Ich habe mir das Rumgereise nicht ausgesucht«, protestiert er.

»Doch. Haben Sie. Erzählen Sie mir nicht, dass ein anderer in Verkleidung Ihren Arbeitsvertrag unterschrieben hat.«

»Aber als ich damals den Vertrag unterschrieben habe, hieß es, der Arbeitsplatz sei Hamburg. Da waren Reisen die absolute Ausnahme.«

»Und jetzt haben sich die Bedingungen geändert ... Und wenn Ihnen die nicht

mehr passen, ist es Ihre Entscheidung, wie Sie damit umgehen. Sie haben mehrere Alternativen. Voll okay, wenn Sie weitermachen. Das Gehalt wird schon stimmen. Nur: Sie sind nicht bereit, den Preis zu bezahlen. Und der Preis lautet: viel unterwegs. Verzicht auf glückliche Ehe. Verzicht auf erfüllte Vaterrolle. Zahltag!«

Ich habe keine Scheu vor hitzigen Debatten mit Gästen, immerhin ist das mein Laden hier, ich bin also unkündbar. Ehen und Beziehungen sind kündbar. Auch wenn man sich anfänglich etwas anderes versprochen hat. Und viele behalten lieber den Arbeitsplatz als den Partner, wenn das eine Lebensfeld das andere nicht ergänzt, sondern auf Dauer beschneidet.

Wie sieht's bei Ihnen aus?

Wie sieht's bei Ihnen aus? Wie oft kommen Sie »zu spät« von der Arbeit nach Hause? Wie gut gelingt es Ihnen, abends nach der Arbeit und am Wochenende richtig abzuschalten? Wie viel Lust und Energie haben Sie dann noch, sich mit voller Aufmerksamkeit Ihrem Partner, Ihren Kindern oder Ihren Freunden zu widmen? Oder hätten Sie vielleicht schon noch Lust, sogar Energie ... aber einfach keine Zeit? Wie oft nehmen Sie Arbeit mit nach Hause? Sagen Sie öfter private Verabredungen ab? Haben Sie deshalb schon mal ein schlechtes Gewissen gegenüber Ihren Liebsten? Oder gar schon eine Trennung erlebt? Oder ein Nebeneinanderherleben, völlig entfremdet? Oder hatten Sie mal gute Freunde, von denen Sie irgendwie ewig nichts mehr gehört haben? Fühlen Sie sich am Wochenende meistens leer und sind froh, am Montag wieder ins Büro fahren zu können?

Die Wahrheit ist: Viele Führungskräfte verbringen auch ihre Freizeit am Laptop.

Na, wie sieht's aus? ... Die Wahrheit ist: Viele Führungskräfte verbringen auch ihre Freizeit, in der sie eigentlich ihr privates und persönliches Leben gestalten könnten, am Laptop, mit Akten oder Fachliteratur. Warum? Wegen Erfolgsdruck. Oder weil einfach so viel zu tun ist. Oder weil die Zeit mal wieder knapp ist. Oder auch aus lauter Gewohnheit, wegen der einseitigen Fixierung auf die berufliche Karriere. Die Kollegen machen das ja schließlich auch. Es muss beileibe kein Fehler sein, für seinen Erfolg hart zu schuften. Verstehen Sie mich nicht falsch. Das können Sie machen, wenn Sie das wollen. Und mit hohem Einsatz können Sie beruflich sehr erfolgreich sein, keine Frage. Allerdings: Das kostet seinen Preis. Sie haben die Wahl. Jammern gilt nicht.

Nur: Möglicherweise würden viele einen viel besseren Job machen, wenn sie den privaten Teil ihres Lebens als Ressource für das berufliche Leben begriffen: Einen bestärkenden Partner an der Seite zu haben, ist ein riesiges Glück. Eine Frau, die Sie unterstützt, weil sie weiß, dass Sie sich einerseits beruflich durchsetzen wollen, andererseits auch zu Hause immer voll da sind und nicht nur präsent. Oder eine Frau, die selber beruflich erfolgreich ist und Ihnen dadurch die Möglichkeit gibt, viel mehr Zeit mit den Kindern zu verbringen. Optionen über Optionen. Ein Partner aber, der abends immer öfter mit dem Essen auf Sie warten muss, ein Partner, der sich fragt, warum Sie am Wochenende immer so abwesend wirken, ein Partner, den Sie merken lassen, dass er Sie mit seinen Ansprüchen eigentlich von der Arbeit abhält – so ein Partner wird es irgendwann satthaben. Denn das ist Betrug. Und sehr, sehr unsexy.

> Sie haben die Wahl. Jammern gilt nicht.

»Übrigens.« Ich setze noch einen drauf. »Steht Ihre Frau eigentlich auf Männer, die ständig müssen und nie wollen? Da wäre sie aber ziemlich allein auf weiter Flur. Ich jedenfalls kenne keine, die so tickt ...«

Jetzt suche ich schnell das Weite, um ihn nicht weiter zu beschämen. Das war wohl auch genug jetzt. Ich gehe in den Lagerraum und hole noch eine Flasche Kokoscreme. Der gute Mann säuft mir ja den ganzen Vorrat weg.

Es ist wirklich so. Ich bin davon überzeugt, dass Männer, die wissen, was sie wollen, und auch tun, was sie wollen, eine starke Anziehungskraft auf Frauen ausüben. Glauben Sie's mir oder nicht. Und ich meine jetzt überhaupt nicht die rücksichtslosen Machos. Die sind oft genug auch nur Getriebene, Gefangene ihrer eigenen Glaubenssätze und im Innern geplagt von einem diffusen Minderwertigkeitsgefühl. Nein, ich meine die selbstbewussten, fokussierten Männer, die mit Herzblut und Leidenschaft ihr Ding machen. Die dabei durchaus darauf achten, niemandem zu schaden, die respektvoll sind, die sich aber strikt weigern, Dinge zu tun, die ihnen richtig gegen den Strich gehen. Ich meine die, die immer ihre eigene Wahl treffen und dann gelassen den Preis bezahlen, den ihre Wahl kostet. Das sind die Hammertypen, die beruflich auf

> Steht Ihre Frau eigentlich auf Männer, die ständig müssen und nie wollen?

Dauer erfolgreich sind. Weil sie lieben, was sie machen. Weil sie das, was sie nicht lieben, verändern oder sein lassen. Love it, change it or leave it. Das sind die Hammertypen, auf die Hammerfrauen stehen.

Love it, change it or leave it.

Und das ist auch das Geheimnis einer erfüllten Langzeitbeziehung oder einer Ehe. Ob hetero oder schwul. Es kommt darauf an, frei zu bleiben, dann kann man sich getrost binden.

Die einzige Chance für Hängematte, seine Ehe zu retten, ist: wieder zu seiner Stärke zurückzufinden. Wenn er heimkommt und zu seiner Frau sagt: »Ich habe früher Schluss gemacht im Büro, weil ich jetzt bei dir sein will.« Dann wird sich etwas ändern. Dann wird zwar noch nicht gleich Friedefreudeeierkuchen sein, denn seine Frau wird ihn natürlich testen. Aber wenn er dabei bleibt, stets seine eigene Wahl zu treffen, hat er eine echte Chance.

Ohne glückliche Beziehungen kein Erfolg im Business. Ohne Erfolg im Business keine glücklichen Beziehungen.

Ohne glückliche Beziehungen kein Erfolg im Business. Nicht auf Dauer. Und ohne Erfolg im Business keine glücklichen Beziehungen. Nicht auf Dauer. Beides entspringt nämlich derselben Quelle: Selbstverantwortung.

Aber für heute reicht's. Er sagt nichts mehr. Zahlt und geht. Hundert Euro Trinkgeld liegen auf dem Tresen. Au weia. Wie ist das gemeint? Ich hoffe, er kommt wieder. Und das nicht wegen des Geldes.

Einen Monat später.

Die Jangada Bar ist noch nicht geöffnet. Ich sortiere gerade auf dem Tresen meine Post. Da halte ich eine Postkarte in der Hand: Musicaltheater im Hamburger Hafen, König der Löwen. Ich drehe die Karte um: »Der König kehrt zurück. Danke!«

Hamburg? Sicher weiß ich es nicht, aber ich tippe darauf, dass Hängematte diese Karte geschrieben hat. Ich stelle die Karte an den hinteren Rand der Arbeitsfläche, angelehnt an den Tresen. Ich prüfe die Kühlschränke, schalte die Kaffeemaschine an, richte die Tische, schließe die Eingangstür auf, dimme die Beleuchtung und klicke im Laptop den Musikmix für heute zusammen. Ich freue mich. Das wird ein guter Abend.

3 Absolutely Fabulous Leistung Lifestyle Sex

1 cl Wodka
2 cl Cranberry Juice
3 cl Champagner
Erdbeere

»Bruno, Darling?«
»Ja?«

Jo hebt ihren Arm und zieht die Augenbrauen hoch, sie winkt mich an ihren Tisch.

»Komme gleich.«

Zuerst bringe ich noch einen Martini und eine Cola an den Tisch am Fenster und gehe dann zu ihr rüber. Ich freue mich, dass sie wieder mal da ist. Ihre Freundin sieht auch nett aus, aber Jo ... Jo ist echt eine Rakete. Sie sieht mal wieder großartig aus heute Abend.

»Jo, du bist echt eine Rakete. Du siehst heute Abend wieder aus wie ein Filmstar.«

»Bruno, du Bengel. Du sollst mich doch nicht so anmachen. Gib Küsschen. Das hier ist Jennifer. Gut schaust du aus. Schickes Hemd. Geht's dir gut? Machst du uns was zu trinken, ja?«

Ihre tiefe Stimme vibriert in meinen Ohren. Ich gehe hinter den Tresen und mixe den beiden Ladys was Feines. Auf dem Barhocker ganz links sitzt wieder der junge Berater, der gerade ein Projekt in der Stadt hat, wie er mir gestern erzählte. Er bestellt ein Glas Riesling und spielt Blackberry.

Ich bringe Jo und Jennifer ihre Drinks.

»Barkeeperchen, setz dich doch mal bitte kurz.« Sie klopft auf ihre Schenkel, und lädt mich ein, mich auf ihren Schoß zu setzen.

»Jo!«, tadele ich sie lachend und setze mich auf die Armlehne des Ledersessels neben ihr.

Barkeeperchen, setz dich doch mal bitte kurz.

»Bruno, ich habe eine lebenswichtige Frage.«

»Aha?«

»Ja, da drüben bei dir am Tresen, da hat sich ein unverschämt gut aussehender, sportlicher, gepflegter, drahtiger junger Kerl hingesetzt. Du hast ihm gerade einen Wein hingestellt.«

»Der? Ja, oh, den findest du scharf, stimmt's?«

»Scharf ist gar kein Ausdruck. Pass auf! Jennifer hat einen Jetlag, sie will sowieso gleich ins Bett. Aber ich bin extrem gut drauf heute. Ich will diesen schicken Marathonmann abschleppen und schauen, wer zuerst nicht mehr kann, er oder ich.«

Bruno, ich habe eine lebenswichtige Frage.

»Sportsex?«

»Genau. Bis zur Ohnmacht.«

Ich schaue hinüber. Wenn ich eine Frau wäre, würde ich den Typen wahrscheinlich auch sehr appetitlich finden. »Aber der ist bestimmt zwei, drei Jahre jünger als du!«

Jo lacht laut und zeigt der Welt ihre perfekten Zähne. »Du alter Süßholzraspler! Der ist zwanzig Jahre jünger! Aber genau darum geht's doch.«

»Au weia. Pass aber auf, der macht dich fertig. Er hat mir neulich erzählt, dass er tatsächlich öfter mal einen Marathon läuft. Außerdem macht er jeden Morgen Tai-Chi. Er wohnt nebenan im Hotel und geht jeden Morgen in den Park gegenüber und macht seine Übungen, das kann ich bezeugen. Der ist beweglich, hat Körperbeherrschung, eine brutale Kondition – Jo, das hältst du nicht durch. Der steht die ganze Nacht wie eine Eins. Bist du dir wirklich sicher? Ich will nicht, dass du einen Herzinfarkt bekommst.«

Jo haut mir lachend an die Schulter. Jennifer reibt sich die Schläfen und lehnt sich mit geschlossenen Augen im Sessel zurück.

Du findest dich selbst also heute Abend mal wieder absolut fabelhaft, richtig?

»Okay. Also gut, ich bin dein Sklave. Was muss ich tun?«

»So ist's fein. Du tust nichts Schlimmes: Du mixt einen Drink, zwei Exemplare, und stellst sie vor ihn hin auf den Tresen. Du musst nur was Passendes aussuchen. Was der eben gern trinken würde. Das ist alles. Den Rest mache ich ...« Sie legt den Kopf leicht schief, zieht die Schultern zurück, wischt sich mit der rechten Hand eine blonde Strähne von der Wange, streicht sich mit den Fingerspitzen über Hals, Schlüsselbein, Brustbein bis zum ersten der wenigen Knöpfe ihrer Bluse, die wirklich ihren Job machen, und sieht mich herausfordernd an. Ich ziehe die Luft zwischen den Zähnen ein.

»Gut, ich werde selbst schon schwach. Du findest dich selbst also heute Abend mal wieder absolut fabelhaft, richtig?«

»So ist es.« Sie strahlt mich an.

»Dann weiß ich, was ich euch mixe.«

In der Londoner Sloane Street,

im Stadtteil Knightsbridge, ganz in der Nähe vom Kaufhaus Harrod's und in

Nachbarschaft der Ladengeschäfte von Versace, Armani, Cartier und Prada, steht ein uniformierter Türsteher vor einem Gebäude aus weißem Marmor. Zutritt abends nur für Clubmitglieder. Der Monte's Club, mit Restaurant und Zigarrengeschäft. Im zweiten Stock: die Bar. Hier wurde für die Klientel der jungen, erfolgreichen Geschäftsmänner Ende der Neunziger ein Drink erfunden und nach der absolut fabelhaften britischen Fernsehserie »Absolutely Fabulous« benannt. In dieser Kult-Sitcom, die in Deutschland kaum einer kennt, versuchen die Angehörigen der Upperclass verzweifelt, jedem Mode- oder Lifestyletrend hinterherzurennen, trinken dabei Unmengen von Alkohol, qualmen tonnenweise Zigaretten und versuchen, ihre aus dem Ruder gelaufenen Körperformen unter Designerklamotten zu verstecken. Typisch britisch, ausgerechnet an diesem Ort einen Drink ausgerechnet so zu taufen.

Der Drink geht so: In den Shaker kommen zum Eis ein Shot Wodka und zwei Shots Cranberry Juice. Schüttelschüttel, dann durch den Strainer in das Cocktailglas – ich nehme dafür ein Martiniglas. Der Rest ist Champagner, mit dem der Drink aufgegossen wird. Als Deko eine Erdbeere auf den Glasrand. Fertig.

Während ich die zwei Cocktails baue, beobachtet mich der Mann, der noch gar nicht weiß, dass es um ihn geht. Im Hintergrund, in seinem Rücken, sehe ich, wie Jennifer Jo Küsschen gibt und geht. Jo steht auf, zupft ihr Outfit zu-

Der Drink geht so: In den Shaker kommen zum Eis ein Shot Wodka und zwei Shots Cranberry Juice.

recht und streicht sich mit den Händen über die Hüften, wie um sich ihrer umwerfenden Figur zu versichern. Als ich ihm die beiden Drinks vor die Nase stelle, schaut mich der Mann verblüfft an.

»Was? Ich hab das nicht bestellt.«

»Sie sind eingeladen.«

»Hä? Wie, von Ihnen?«

In diesem Moment legt ihm Jo von hinten die Hand sanft auf die Schulter. Er wendet sich auf dem Barhocker um. Vor ihm steht Jo in ihrer ganzen Schönheit und schaut ihn mit blitzenden Augen an. »Nein, von mir. Haben Sie Lust, was mit mir zu trinken? Ich bin Jo.«

Haben Sie Lust, was mit mir zu trinken?

Sie gibt ihm die Hand. Er starrt sie an. Sie setzt sich auf den Barhocker neben ihm.

Dann fällt der Groschen: »Oh. Also. Ich heiße Nils. Freut mich. Ähm. Also gern. Wollen Sie sich setzen?«

Ich amüsiere mich köstlich. Jo legt sich sofort mächtig ins Zeug. Und nach der ersten Verblüffung genießt Nils das Gespräch mit wachsender Begeisterung. Die beiden lachen, sie legt ihm beim Plaudern eine Hand auf den Unterarm, sie schauen sich immer wieder in die Augen. Es ist völlig klar, auf was das Ganze hinauslaufen soll.

Jo möchte offenbar wenig Zeit verlieren. Die Drinks sind beinahe leer, da sagt sie: »Bitte verzeihen Sie meine Direktheit. Ich habe gehört, dass Sie hier nebenan im Hotel wohnen. Ich möchte jetzt gerne ganz dringend mit Ihnen auf Ihr Zimmer. Können wir gehen?«

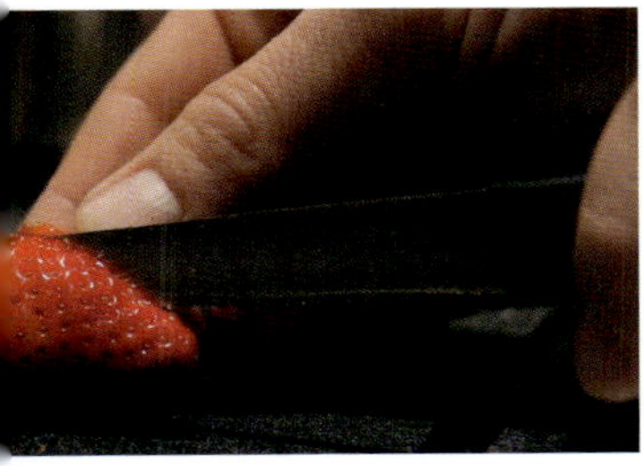

Jo sagt, was sie denkt. Annähernd hundert Prozent der Männer träumen von genau solchen Situationen mit solchen Klassefrauen wie Jo. Was hat der Kerl für ein Glück. Er muss jetzt nur noch grinsen, aufstehen und mit ihr im Arm die Bar verlassen. Und genau das wird er gleich machen.

Aber dann …

»Oh. W-was? Also. Äh. Ich w-weiß nicht. Äh, n-nein, danke. Ich glaube nicht.«

Der Mann wird knallrot im Gesicht!

»Na kommen Sie«, sagt Jo, »ich finde Sie wirklich sehr heiß und möchte jetzt mit Ihnen Spiele für Erwachsene spielen.«

»I-ich sagte doch. N-nein. Danke für den Drink, aber ich … Nein. Nein.«

Beinahe lasse ich den Champagner fallen, den ich gerade wieder in den Kühler stellen will.

Das war ja eine schräge Situation.

Jo schaut mich an, atmet tief ein und seufzt. »Jammerschade. Bruno, ich zahle das morgen. Ich geh noch rüber ins Grace. Schönen Abend.« Sie geht.

Wow. Ein älterer Herr hält ihr die Türe auf, sie nickt ihm freundlich lächelnd zu. Ich schüttle den Kopf. Das war ja eine schräge Situation. Dieser Typ war doch ganz offensichtlich genauso scharf auf sie wie sie auf ihn. Das konnte man doch sehen. Und die Unterhaltung ist perfekt gelaufen zwischen den beiden.

Noch überraschender als seine Absage war die Art und Weise: stotternd, schüchtern wie ein Teenager, knallroter Kopf. Und ich dachte, der ist ein echter Killer. Da habe ich mich ja grandios verschätzt!

Warum hat er das dermaßen versemmelt?

»Noch einen Drink?«

Jetzt schaut er zum ersten Mal wieder hoch. »Was war das denn, Mann?«

»Bitte? Das war Jo.«

»Was für eine Scheiße.« Er ist sauer. Kein Wunder. »Haben Sie das eingefädelt, oder was?«, blafft er mich an.

»Nicht die Spur. Sie war scharf auf Sie. Sie wollten nicht. Das ist alles. Noch einen Drink?«

»Verdammter Mist!« Er steht auf und geht.

Na, klasse. Kein Wunder, dass der sauer ist. Wäre ich auch an seiner Stelle. Diese Situation hat er einfach nicht gemeistert, so könnte man es beschönigend ausdrücken. Und das ist ihm völlig klar. Nur warum hat er das dermaßen versemmelt?

Der Mann weiß, dass er gut aussieht und eine geile Figur hat.

Was hat ihn davon abgehalten, sie einfach auf sein Zimmer mitzunehmen und ihr die Kleider vom Leib zu reißen? Ein Typ mit einem Äußeren wie er hat mit Sicherheit etliche Gelegenheiten, das ist nicht das erste Mal, dass ihm so ein Angebot gemacht wird, da bin ich sicher. Was hat der nur? Vermutlich ist er fest liiert und außerdem treu. Na, okay, das ist ja bestens, aber noch lange kein Grund, die Frau so uncool und unfreundlich abzuwimmeln.

Den ganzen Abend lang bekomme ich die Szene nicht mehr aus dem Kopf.

Am nächsten Morgen sehe ich ihn wieder im Park bei seinen Tai-Chi-Chuan-Schattenbox-Übungen. Sieht schon sehr beeindruckend aus. Aber er könnte die Übungen ja auch in seinem Zimmer machen. Anders als in China, wo morgens überall Menschen Tai-Chi üben, fällt dieser Sport in unseren Breiten natürlich extrem auf. Der Mann weiß, dass er gut aussieht und eine geile Figur hat. Er hat ein enges, ärmelloses Sport-Shirt an und übt direkt vor der Hotelfassade. Wie viele Frauen kleben jetzt wohl schmachtend an der Scheibe?

Hm, nach der Szene von gestern Abend glaube ich nicht mehr, dass es ihm völlig egal ist, ob er beobachtet wird oder nicht. So cool ist er nicht. Ich vermute mittlerweile eher, dass er ganz absichtlich eine Show abzieht und die Vorstellung genießt, dass ihm viele Augenpaare zusehen, wenn er sich dort dehnt und streckt und seinen Körper mit fließenden Bewegungen in Szene setzt. Das ist nicht Sinn der Sache beim Tai-Chi. Was der macht, ist Oberflächen-Tai-Chi.

Eigentlich würde es dabei um Gelassenheit gehen, darum, in sich zu ruhen, souverän und einverstanden zu sein mit sich und der Welt, innen und außen klar voneinander zu unterscheiden und miteinander zu versöhnen – Selbstakzeptanz. Wahre Selbstakzeptanz kommt von innen. Gut, indem man seine

> Wenn ich mit mir selbst im Reinen sein will, dann muss ich das auch mit mir alleine hinkriegen.

Umwelt beeindruckt, kann man auch Bestätigung bekommen. Ein starkes Auftreten, tolle Klamotten, Eloquenz, teures Auto, Lifestyle. Das tut schon gut.

Aber das reicht nicht. Wenn ich mit mir selbst im Reinen sein will, dann muss ich das auch mit mir alleine hinkriegen. Dafür muss ich allein sein, muss in die Stille gehen, schweigen. Dafür braucht es kein Publikum.

So wie dieser Nils in den Park geht, um Tai-Chi zu spielen, gehen heute viele ins Kloster, um Exerzitien zu spielen – und um hinterher damit anzugeben. Habe ich auch schon gemacht, ich geb's ja zu.

> Peinlich, peinlich, wenn diese Fassade bisweilen zusammenbricht.

Ein schicker Lifestyle kann toll sein. Dann nämlich, wenn die schönen Sachen, mit denen man sich umgibt, und die tollen Dinge, die man tut, Ausdruck der eigenen Persönlichkeit sind. Wenn sie sozusagen von innen kommen. Wenn der Stil individuell und persönlich ist, wenn man sich wohlfühlt mit dem Haus, dem Auto, den Klamotten, dem Sport und dem Urlaub. Die Frage ist immer: Ist es wirklich egal, was andere darüber sagen und denken?

Oder will ich damit in erster Linie Eindruck schinden? Es ist ziemlich armselig, wenn die Rückmeldungen auf das blendende Aussehen, das schnelle Auto oder die Selbsterfahrungsgeschichten das Einzige sind, was den Selbstwert steigert. Wessen Selbstwertgefühl abhängig ist vom Spiegel im Außen, der akzeptiert sich selbst nicht so, wie er ist, dem fehlt es an Selbstakzeptanz. Und der wird abhängig von seiner Fassade. Peinlich, peinlich, wenn diese Fassade bisweilen zusammenbricht.

Ein paar Tage später

ist Nils mein erster Gast des Abends.

»Hallo, was darf's sein?«

»Hallo, ich hätte gern ... ich weiß nicht, wie der Drink heißt, ich habe ihn neulich hier getrunken.«

»Sie sind dazu eingeladen worden, richtig?« Ich werfe mein Handtuch über die Schulter.

»Ja, richtig, Sie erinnern sich daran?« Ihm ist das wohl ein wenig peinlich.

»Ja, natürlich, das werde ich so schnell nicht vergessen. Ich mixe Ihnen den Drink, er heißt Absolutely Fabulous.«

Ich greife nach dem Mixglas und dem Wodka, fülle Eis ins Glas.

> So,
> jetzt aber stopp,
> Sportsfreund.

»Die Frau, die mich ...«

»Jo.«

»Ja, also was war denn das für eine Nummer? Die war wohl notgeil, die Alte!«

»So, jetzt aber stopp, Sportsfreund.« Ich stelle die Flasche auf die Arbeitsfläche. Das ärgert mich jetzt. Was glaubt der eigentlich? Ich wähle eine schärfere Gangart. »Eines muss ich Ihnen wohl erklären: Notgeil ist diese Dame nie. Die Männer stehen Schlange bei ihr. Ich habe allerdings noch keinen gesehen, der sich bei ihr so verpeilt angestellt hat wie Sie!«

»Na, aber hallo!«

»Ich schätze die Frau sehr. Sie ist grundehrlich und alles andere als verklemmt. Also reden Sie bitte vor mir nicht schlecht von ihr. Sie haben auch gar keinen Grund dazu. Und ›Alte‹ … Mann, zeigen Sie mir eine, die mit Ende vierzig noch so top aussieht.«

»Also, das habe ich gemerkt. Verklemmt ist die nicht. Und okay, Sie haben recht. Die sieht echt super aus. Sorry, das war blöd. Madonna kann gerade noch mithalten mit ihr. Wenn überhaupt.«

»So ist es.« Shaker zu und losgeschüttelt. Dann Shaker auf und abgießen ins Glas. »Und jetzt verraten Sie mir bitte, warum Sie sie von der Bettkante gestoßen haben. Das interessiert mich wirklich. Hoppla!«

»Hey, wenn Sie alles danebenschütten, geben Sie mir lieber 'ne Cola.« Er lacht.

»Keine Sorge, was ich verschütte, ersetze ich mir selbst vollständig.« Ich lache mit. Erdbeere dran. »Hauptsache, Ihr Glas ist voll. Bitte sehr. Also? Ich opfere meine letzten Flüssigkeiten für Ihren Drink, aber dafür bekomme ich die Auflösung der Geschichte. Einverstanden? Die Bar ist noch leer, keiner hört Ihnen zu außer mir. Na?«

Die Bar ist noch leer, keiner hört Ihnen zu außer mir.

»Na gut, einverstanden. Keine große Sache. Ich war einfach überrumpelt. Ich hab mich nicht getraut.« Er nimmt den Drink, nippt daran und schaut mir kurz in die Augen, wie um zu prüfen, ob ich ihn jetzt verachte. »Ich war auf einmal unsicher. Ich kann mir das auch nicht erklären.«

»Hm. Und ich habe gedacht, Sie sind fest vergeben und haben einen Treueschwur geschworen.«

»Naja, ich habe schon eine Freundin. Aber wie soll ich sagen …«

»Ofen aus?«

»Ja, da läuft nicht mehr viel. Das ist wohl nur noch eine Frage der Zeit. Also wenn ich ehrlich bin, das hätte mich nicht von einem Abenteuer abgehalten.«

Das ist eine Fährte. Da läuft also nicht mehr viel. Nix mehr los auf dem Laken. So, Freund, ich bin dir auf der Spur, jetzt krieg ich dich. Du hast also gerade wenig Spaß in der Kiste ...

»Wann hat's das letzte Mal geklappt?«

»Geklappt?«

»Sex gehabt.«

»Na, so ist das nicht. Wir haben schon. Naja, in Wahrheit ...« Jetzt wird er wieder total verlegen. Aber dann gibt er sich einen Ruck, richtet sich auf und erzählt.

Er arbeitet sehr viel und hat seine Freundin wohl reichlich vernachlässigt. Sie wohnen mehr nebeneinanderher als miteinander. Kleiderschrank. Bad. Kühl-

schrank. Schlafzimmer. Fernseher. Vor ein paar Tagen lagen sie nebeneinander im Bett und haben einen Film geschaut: »Wenn die Gondeln Trauer tragen«, eine Verfilmung eines Stoffs von Daphne DuMaurier aus dem Jahr 1973 mit Julie Christie und Donald Sutherland in den Hauptrollen. Dieser Film enthält eine der berühmtesten Bettszenen der Filmgeschichte. Die Szene ist sooo erotisch, dass sich bis heute hartnäckig das Gerücht hält, der Sex sei gar nicht gespielt gewesen, sondern muss wohl echt gewesen sein. Sie musste mehrfach gekürzt werden, damit der Film in den USA überhaupt gezeigt werden durfte.

Nun lagen also Nils und seine Freundin, die seit Monaten nicht mehr miteinander geschlafen hatten, nebeneinander im Bett und Donald und Julie trieben es vor ihren Augen, dass einem Hören und Sehen vergeht. Und er dachte: Boah, was denkt die jetzt, was ich denke, was sie denkt ... Er war so scharf. Und er war sich sicher, dass sie in dem Moment an nichts anderes dachte. Da lagen sie also nebeneinander, beide mit roten Backen und stark durchbluteten Ge-

schlechtsteilen und ... schauten weiter den Film an. Schweigend. Den Blick geradeaus auf die Mattscheibe. Nur nicht bewegen. Und beide dachten: Hoffentlich ist das gleich vorbei. Dann schauten sie den Film zu Ende, gaben sich ein Küsschen, machten das Licht aus und drehten sich zur Seite. An Schlafen war natürlich nicht zu denken.

»Und warum haben Sie sie nicht einfach gefragt, ob sie Lust hat?«

»Ich hatte Angst. Genauso wie neulich mit Jo.«

Ich kapiere es einfach nicht. »Aber Angst vor was denn?«

Er schaut mich an wie ein Versager und da kapiere ich. »Angst zu versagen? Keinen hochzukriegen? Zu früh zu kommen? Angst, es nicht zu bringen?«

»Exakt.«

Okay, jetzt habe ich es endlich begriffen. Leistungsdruck.

»Na gut«, sage ich, »schon klar. Schließlich tritt man beim Sex mit einer Frau ja auch unterschwellig gegen alle Männer an, die sie vorher schon gehabt hat. In der Hoffnung, der best Lover ever zu sein. Und da liegt die Messlatte bei Jo vermutlich ziemlich hoch, was?«

»Hm.«

»Aber dieser Begattungswettbewerb läuft doch nur im Kopf ab. Selbst gemacht. Real ist das nicht. Die Frau denkt in dem Moment überhaupt nicht an andere Männer, Leistungsvergleiche oder Ranglisten. Habe ich mir sagen lassen. Wenn einer dann unter Konkurrenzdruck schlappmacht, liegt das jedenfalls nicht an der Frau.«

Boah, was denkt die jetzt, was ich denke, was sie denkt …

Er denkt nach. »Ich habe tatsächlich schon seit einiger Zeit solche Probleme. Ich war auch schon beim Arzt, weil ich dachte, da ist was kaputt. Erektile Dysfunktion.« Er langt in die Innentasche seines Sakkos. »Ich habe mir die da besorgt.« Er öffnet eine kleine Metalldose und zeigt mir einige blaue, rautenförmige Pillen. »Funktioniert.«

»Viagra?« Ich bin fassungslos. »Wie alt sind Sie denn, Mann?«

»32. Und die Dinger helfen tatsächlich. Aber die Angst, es nicht zu bringen, haben sie mir nicht genommen. Und da macht es wirklich keinen Spaß mehr, weder mir noch meiner Freundin.« Jetzt redet er wie ein Wasserfall. Da hatte sich wohl was angestaut. »Meine Eltern haben mir irgendwie klargemacht, dass Sex was Schmutziges ist, obwohl bei uns zu Hause nie drüber geredet wurde.«

Aber dieser Begattungswettbewerb läuft doch nur im Kopf ab.

»Sex ist ja auch schmutzig«, entgegne ich ihm, »aber nur, wenn es guter Sex ist.«

Er kann wieder lachen.

»Sie wollen also allen Ernstes Ihren Eltern die Schuld geben, dass Sie heute keinen mehr hochkriegen …«, foppe ich ihn.

»Nein, will ich nicht. Sie sind ja ein lustiger Vogel! Also wenn ich hier Barkeeper wäre, würde ich die Gäste nicht derart miteinander verkuppeln, um sie hinterher auseinanderzunehmen!« Er lacht mir ganz offen ins Gesicht. Scheinbar macht es ihm mittlerweile gar nichts mehr aus, die Hosen runterzulassen. Manchmal ist eine Bar eben so etwas wie ein säkularisierter Beichtstuhl.

Manchmal ist eine Bar eben so etwas wie ein säkularisierter Beichtstuhl.

»Es ist aber meine Kirche … äh, Bar, meine ich.« Es tröpfeln ein paar Gäste in den Raum. »Ich kann mich nur selbst entlassen. Also, keine Sorge, erzählen Sie einfach weiter.«

»Am Anfang hatten wir noch Spaß, da haben wir rumexperimentiert. Aber mit der Zeit wurde es, wie soll ich sagen, normaler, immer gleich. Blümchensex. Und jetzt ist die Luft komplett raus.«

»Und, stehen Sie auf Blümchensex?«

»Nein!«

»Und ihre Freundin?«

»Keine Ahnung, vermutlich nicht. Aber ich weiß nicht, auf was sie steht.«

»Und warum fragen Sie sie nicht?«

»Sie würde es mir nicht sagen.«

Ich entschuldige mich und gehe zu den Tischen, um die neuen Gäste zu bedienen.

Wieder zurück nehme ich den Faden wieder auf, während ich drei Softdrinks fertig mache. »So läuft das also bei Ihnen: Sie schämen sich, überhaupt Sex zu haben, und Sie schämen sich beide außerdem, darüber zu reden, weil der andere sonst denken könnte: Au, was für ein Perversling! Und Sie haben beide Schiss davor, dass der andere Sie ablehnen könnte, weil Sie so sind, wie Sie sind, und solche Gedanken haben, wie Sie sie haben. Richtig?«

Und Sie haben beide Schiss davor, dass der andere Sie ablehnen könnte, weil Sie so sind, wie Sie sind.

»Hm.«

»Und dann einigen Sie sich stillschweigend auf den kleinsten gemeinsamen Nenner: Missionar, Löffelchen, Blümchen.«

Ich bringe die Drinks zum Tisch.

Wieder zurück: »Sie haben also Angst, nicht akzeptiert zu werden. Richtig?«

»Hm. Mag sein.«

»Eine Projektion!«

»Was?«

»Eine Projektion. Sie denken, Ihre Freundin würde Sie nicht akzeptieren wegen all dem Schweinkram, der in Ihrem kranken Hirn abgeht, weil Sie sich selbst nicht akzeptieren für all den Schweinkram, der in Ihrem – vermeintlich – kranken Hirn abgeht!«

Mit sich im Reinen zu sein heißt, sich selbst zu akzeptieren.

Das ist es. Selbstakzeptanz. Mit sich im Reinen zu sein heißt, sich selbst zu akzeptieren, sich selbst zu mögen, sich selbst zu lieben. Sich mit allen Eigenheiten, allen Erfolgen und Stärken, aber eben auch mit allen Niederlagen, Macken und Schwächen hundertprozentig selbst zu mögen.

Ein Versagen, eine Niederlage empfinden die meisten Menschen als Frontalangriff auf ihr Selbstwertgefühl. Und ja, eine Niederlage kann schlimm sein, aber sie kann nur für den zerstörerisch sein, der sich über Äußeres definiert.

Ein Unternehmer, der sich allein über seinen Erfolg definiert und über die grandiose Leistung, die er beim Aufbau seines Unternehmens erbracht hat, über die Arbeitsplätze und den Wohlstand, den er geschaffen hat, ist sehr gefährdet, denn manchmal passieren Dinge, die niemand verhindern kann. Dann kommt eine Wirtschaftskrise, die Banken machen nicht mehr mit, die Firma gerät ins Trudeln und muss Arbeitsplätze streichen – und das Leben des Unternehmers ist damit zerstört. Es ist zerstört, weil es auf Kennzahlen gründete und weil neben der unternehmerischen Leistung kein Platz war für anderes.

Eine Niederlage kann schlimm sein, aber sie kann nur für den zerstörerisch sein, der sich über Äußeres definiert.

Es gibt eine nette Übung, um Ihre Selbstakzeptanz zu testen, probieren Sie's mal aus: Sorgen Sie dafür, dass Sie ganz alleine sind und niemand Sie hören kann, im Hotelzimmer zum Beispiel oder alleine zu Hause. Dann stellen Sie sich vor den Spiegel und sagen – angenommen, Sie heißen Nils – laut und deutlich die Worte: »Nils, ich liebe dich.« Also, Sie sagen nicht: Ey Kumpel, du bist ein Riesentyp. Oder: Alter, du bist echt ein feiner Kerl. Sondern Sie sagen: Nils (oder Niko oder Nick), ich liebe dich.

Tun Sie's bitte einfach mal, auch wenn es Ihnen zunächst etwas abgedreht erscheint. Dabei geht es nicht darum, einfach irgendwie diese vier magischen Wörter über die Lippen zu bringen, im Sinne von »Übung abgehakt«. Vielmehr können Sie so prüfen, wie glaubwürdig, wie überzeugend ... und wie liebevoll Sie diese Wörter in Ihr eigenes Angesicht sagen können. Vielen Menschen fällt das sehr, sehr schwer. Sollte das auch Ihnen so gehen, dann fragen Sie sich, was Ihr persönlicher Maßstab ist, an dem Sie Ihren Selbstwert festmachen.

Wer ganz bei sich ist und eine starke Identität aufgebaut hat, der kann genauso Fehler machen und scheitern wie andere auch. Aber eine Niederlage kann ihm nicht sein Selbst nehmen. Wenn etwas schiefgeht, ändert das nichts am Wert des Menschen. Ich weiß, ich bin ein wunderbarer, wertvoller Mensch. Ich bin grundsätzlich in Ordnung, so wie ich bin. Ob ich gute oder

Was ist Ihr persönlicher Maßstab, an dem Sie Ihren Selbstwert festmachen?

schlechte Drinks mixe, gute oder schlechte Bücher schreibe, gute oder schlechte Vorträge halte, viel Geld oder keines habe, im Bett eine Kanone oder eine Niete bin. Wirklich? Ja, wirklich!

»Wenn ich meine Triebhaftigkeit nicht akzeptiere, bin ich unglücklich. Das musste ich auch erst lernen«, gestehe ich Nils und setze mich halb auf die Arbeitsfläche. »Wir leben im christlichen Abendland – da ist die allgemeine Doktrin: Sex ist bäh. Da redet man nicht drüber. Zwar sieht man den ganzen Tag Gisele Bündchen mit fast nichts an auf dem Werbeplakat, Angelina Jolie mit fast nichts an auf dem Zeitschriftencover, Shakira mit fast nichts an im Fernsehen, lauter perfekte, supersexy Frauen, so dass man ständig im Kopfkino wilde Orgien feiert, aber reden darüber ist verboten, und ausleben, was man sich eigentlich wünscht, ja gleich verboten hoch zehn.«

»Ja, genau. Aber ich kann auch nicht einfach alles ausleben, der Partner muss da ja auch mitkönnen.« Nils legt die Stirn in Falten. »Ich war mal auf einem Seminar in der Toskana. Es ging um Beziehungen. Am ersten Tag waren Männer und Frauen getrennt, in der Männerrunde ging es um unsere größten Ängste. Unsere Niederlagen. Der Seminarleiter hat das ziemlich gut gemacht, so dass sich alle getraut haben und nacheinander die Hosen runtergelassen haben. – Also, das meine ich jetzt nicht wörtlich!«

»Schon klar«, grinse ich. Wir müssen beide lachen bei der Vorstellung, wie zwölf Männer mit bis zu den Knöcheln heruntergelassenen Hosen im Kreis herumstehen und sich auf die Schwänze glotzen.

Er fährt fort: »Also wir haben die Hosen anbehalten und uns geoutet. Tenor war – die Angst vor den Frauen. Die hatten sie alle. Viele hatten schon Erfahrungen damit gemacht, von den Frauen mental zerlegt worden zu sein.«

Die Angst vor den Frauen. Die hatten sie alle.

»Wie meinen Sie das?«, frage ich.

»Na, es heißt doch immer, wir Männer sollen auch Gefühle zeigen und so. Aber jeder von uns hatte das schon mal ausprobiert, Emotionen gezeigt, sich geöffnet. Aber dann ...«

»Dann?«

»Dann passiert es eben. Sobald du eine kleine Schwäche zeigst, machen sie dich fertig. Frauen wollen keine schwachen Männer. Sobald du ein bisschen zögerst, ein klein wenig schwach bist, hacken sie auf dich ein und machen Kleinholz aus dir. In solchen emotionalen Fragen sind sie uns nun mal haushoch überlegen ...«

So, jetzt ist es also raus. Das ist der Glaubenssatz, der diesem 32-Jährigen den Spaß am Sex verdorben hat. Kein Wunder, dass der keinen mehr hochkriegt. Und kein Wunder, dass er vor Jo Angst hatte wie das Kaninchen vor der Schlange.

Liebe gibt es gegen Leistung. Wie furchtbar anstrengend!

Ich schenke ihm noch einen Riesling ein und denke nach. In seiner Welt muss er immer hundertprozentig Leistung bringen. Darf niemals einen Durchhänger haben. Liebe gibt es gegen Leistung. Wie furchtbar anstrengend!

Es gab vor ein paar Jahren eine interessante Studie, da wurden männliche Führungskräfte nach ihrem Idealbild eines Mannes befragt. Heraus kam das

Profil des typischen männlichen Herzinfarktpatienten: der Held, der keinen Schmerz kennt, immer Topleistung bringt, alles alleine hinbekommt, große Erfolge feiert, nie nachlässt usw.

Ist das der richtige Maßstab?

Nils hat mit seiner Leistungsorientierung eine sensationelle Ausbildung hingelegt, Banker-Ausbildung, European Business School, BWL-Diplom in Mannheim, 1. Staatsexamen Jura obendrauf, Stipendium London Business School, MBA. Jetzt hat er einen klasse Job bei einem der führenden deutschen Beratungshäuser, immer auf der Überholspur. Will jetzt Partner werden, der jüngste von allen. Gibt Vollgas. Das hat er mir alles stolz erzählt.

> Nicht beeindrucken wollen, sondern in dem, was er außen tut, ausdrücken, was in ihm ist.

Aber was nützt das, wenn er innen drin ein kleines Würstchen ist, das Angst vor Frauen hat? Dabei kommt er so dermaßen gut bei den Frauen an.

Eigentlich sollte er lieben, was er tut. Und nicht tun, was er glaubt, dass andere an ihm lieben könnten. Nicht beeindrucken wollen, sondern in dem, was er außen tut, ausdrücken, was in ihm ist. Wie kann ich ihm das klarmachen?

Zwischen zwei Bestellungen erzähle ich ihm von einem meiner Bekannten. »Man kann Individualist sein, in allem, was man tut. Egal, was die Menschen drumrum glauben, was man tun sollte. Das geht. Man kann seine Wünsche ausleben, auch ohne in den Knast oder in die Klapsmühle zu wandern. Sie müssen es eben richtig machen.«

Nils schaut mich mit großen Augen an. » Was meinen Sie damit? Was hat das jetzt mit den Frauen zu tun?«

»Das mit den Frauen kommt gleich, hören Sie zu. Im katholischen Bayern, da wohnt ein Banker, den ich kenne. Er arbeitet bei einer der größten Banken Deutschlands und hat eine steile Karriere hingelegt. Verdient dickes Geld und tut dort mit großem Erfolg, was man von ihm erwartet. Bis hierher unterscheidet er sich also kaum von Ihnen.«

Er rutscht nervös auf seinem Barhocker hin und her.

Er rutscht nervös auf seinem Barhocker hin und her, hört mir aber aufmerksam zu.

Ich fahre fort: »Dieser Banker ist mit einer tollen Frau verheiratet, ich habe sie kennengelernt. Die beiden leben abgeschieden auf dem Land auf einem alten Hof. Ein wenig heruntergekommen, aber sehr schön. Innen ein paar Buddhafiguren, ein Meditationsraum. Wenn er arbeiten geht, trägt er natürlich einen Anzug, aber der ist irgendwie ein klein wenig anders geschnitten, man weiß gar nicht so genau, wie. An den Fingern trägt er mehrere Ringe, den Kopf hat er sich kahl rasiert. Also sieht er schon nicht mehr ganz so gewöhnlich aus, verstößt aber dabei überhaupt nicht gegen Konventionen, er fällt auf, aber er stört niemanden damit. Er hat sich nicht angepasst, sondern drückt sich im Rahmen des Möglichen individuell aus.«

Er hat sich nicht angepasst, sondern drückt sich individuell aus.

»Klingt cool. Aber was ist mit den Frauen?« Er will es wissen.

»Sex ist für ihn wichtig. Er empfindet Sex als eine spirituelle Erfahrung, eine besondere Form des Einsseins mit einer höheren geistigen Kraft. Mit seiner Frau hat er eine Vereinbarung getroffen: Sex ist auch mit anderen möglich. Für beide natürlich. Als ich einmal bei ihm auf dem Hof war, ist seine Frau gerade von einem Lover abgeholt worden. Der Banker hat sie zum Abschied geküsst und ihr viel Spaß gewünscht.«

»Und das in Bayern! Wow, das ist stark!«

»Ja«, sage ich, »das ist stark. Das zeigt, dass es möglich ist, sein Ding durchzuziehen – ohne dabei anzuecken. Er hat das nämlich überhaupt nicht groß ausgebreitet, nirgends rumerzählt. Wenn der Tai-Chi machen würde, dann

> Das zeigt, dass es möglich ist, sein Ding durchzuziehen – ohne dabei anzuecken.

sicherlich nicht im Park direkt vor dem Hotel, um möglichst viele Frauen zu beeindrucken.«

Jetzt habe ich ihn aus der Fassung gebracht. Ich nutze den Moment und schiebe schnell hinterher: »Sprechen Sie mit Ihrer Freundin über Sex.«

Mein Gast ist immer noch da.

Der Abend neigt sich langsam dem Ende zu, die Jangada Bar ist nur noch halb voll. Er hat nur sparsam getrunken, will sich offenbar nicht besaufen. Seine Umwelt nimmt er kaum wahr, er schaut in sein Glas und in die Luft. Ich habe ihn die meiste Zeit am Abend zwangsläufig allein gelassen, denn die Bar war gut besucht.

Die Tür geht auf, und mitten in der Nacht geht die Sonne auf: Jo kommt herein! Ich gehe ihr entgegen, Küsschen, und während ich sie zu einem Tisch bringe und ihre Bestellung aufnehme, gebe ich ihr einen Wink und nicke mit dem Kopf Richtung Bar. Sie schaut kurz rüber, erkennt Nils, rollt nur mit den Augen und würdigt ihn keines weiteren Blickes.

> Die Tür geht auf, und mitten in der Nacht geht die Sonne auf.

Als ich wieder hinterm Tresen stehe, gebe ich auch ihm einen Wink und nicke mit dem Kopf Richtung Jo. Nils dreht sich um – und schaut schnell wieder nach vorne.

»Mir fällt noch eine Geschichte ein, die ich Ihnen gerne noch zum Besten geben will«, sage ich, um die Situation zu entspannen. »Ein Gleichnis wie in der Bibel. Aber selbst erlebt. Wollen Sie's hören?«

Wir albern wie Jungs auf der Klassenfahrt.

Er nickt. »Ja, nur zu. Ich muss sowieso schnell an was anderes denken. Was ich gerade im Kopf mit Jo anstelle, ist eine ganz wüste Schweinerei.« Er lacht und bestellt noch einen Riesling.

»Genau«, ich mache ein Robert-De-Niro-Gesicht und ziehe die Mundwinkel runter. »Das haben wir doch schließlich gelernt. Da steckt man keine Zunge rein. Igitt!«

»Igitt!« Wir albern wie Jungs auf der Klassenfahrt.

Ich bringe Jo ihren Drink, schenke Nils ein Glas ein. Dann erzähle ich ihm von meinem Psycho-Seminar in Österreich vor vielen Jahren. Eine Seminarhütte an einem See, viel Schnee, herrliche Landschaft. Drinnen herrschte Askese: wenig Schlaf, wenig Essen, strenge Leitung. Zigaretten, Uhren, Geld, Medikamente, alles musste abgegeben werden und wurde weggeschlossen. Außerhalb der Seminarzeiten herrschte Kommunikationsverbot. Sogar Fragenstellen war verboten, erst mal sollten wir alles mitmachen, am letzten Tag sollten wir dann Antworten bekommen. Am ersten Tag sind gleich die ersten zwei der fünfundzwanzig Teilnehmer abgereist, was die Leiter nicht im Mindesten aus der Ruhe brachte. Sollte ich mich auch vom Acker machen?

Sollte ich mich auch vom Acker machen?

»Ich entschied mich, das Seminar durchzuziehen«, erzählte ich. »Ich war Ende 20, bei der Vorstellungsrunde hatte ich richtig dick aufgetragen, was für ein toller Hecht ich doch sei, supersportlich, fit, immerhin hatte ich Sport studiert und als einer der Jahrgangsbesten abgeschlossen. Dabei war ich noch nie so schlecht drauf gewesen wie damals in diesem Winter. Ich hatte brutal viel gearbeitet, mich schlecht ernährt und seit zwei Jahren kaum bewegt, war körperlich eigentlich bankrott.«

Nils feixt: »Na, Sie sind mir ja ein übler Angeber!«

»Richtig, ich war ein Angeber. Anerkennung wollte ich. Von den Männern wie von den Frauen. Okay, vor allem von den Frauen ... Dazu bekam ich schnell Gelegenheit. In der ersten Nacht wurden wir völlig überraschend geweckt, mit der Trillerpfeife: in Sportklamotten draußen antreten. Mitten im Winter! Was auf uns wartete, war »Die Meile« – wir mussten den Berg runterlaufen zum See. Unten war eine Wendemarke, dann wieder den Berg hoch zurücklaufen bis zum Haus. Die Aufgabe lautete: Gib dein Bestes!«

»Oha, da hatten Sie ja einen Ruf zu verteidigen!« Nils hat offenbar richtig Spaß an der Erzählung meines Waterloo-Erlebnisses.

Richtig, ich war ein Angeber. Anerkennung wollte ich. Von den Männern wie von den Frauen.

»Ich bin also losgerannt und hatte schnell einen Vorsprung herausgelaufen. Kurve. Bergab nur nicht stolpern. Dann die Wendemarke. Ich war Erster. Mit großem Abstand. Jetzt musste ich nur noch locker wieder hochlaufen. Aber gleich nach der Wende merkte ich, dass ich einen Fehler gemacht hatte: viel zu schnell losgelaufen. Jeder Muskel sauer. Ich bekam kaum noch Luft. In meinem Nacken spürte ich schon den Atem der Verfolger. Aber noch lag ich vorne. Bis hinter die Kurve. Dann ging nichts mehr: Ich stand im Schnee und kotzte.«

»Ach du dickes Ei!« Er verzieht das Gesicht.

»Ich stand mit den Händen auf den Knien im Schnee und kotzte. Würgte. Schluckte. Japste. War das peinlich! Mir war so elend. Alle liefen an mir vorbei. Als ich am Ende oben ankam, hatte ich einzig eine Frau wieder überholt. Die war dreißig Jahre älter und einen Zentner schwerer als ich.

Oben wurde die Zeit gestoppt und Listen geführt. Dann durften wir duschen, Treffpunkt anschließend im Seminarraum, mitten in der Nacht. Am Flipchart waren die Teilnehmer in der Reihenfolge ihres Zieleinlaufs aufgelistet. Ich war Vorletzter. Ich wollte nur noch in irgendein schwarzes Loch reinfallen, Deckel drauf, für immer im Erdboden verschwinden. Es war mir dermaßen hochnotpeinlich!«

»Scheiße, Mann!« Nils kann sich offenbar vorstellen, wie es mir gegangen war, so sieht jedenfalls sein Gesichtsausdruck aus.

»Dann wurden alle der Reihe nach befragt, wie's uns ging. Ich kam dran: Bruno, bei dir? – Scheiße. Mir geht's so so scheiße. – Und was war die Aufgabe? War die Aufgabe: Werd Erster? Oder: Lauf Weltrekord? Nein! Die Aufgabe war: Gib dein Bestes.«

Ich atme lange aus. Nils schweigt.

»Dann kam die Frage: Erkennst du Parallelen zu deinem beruflichen oder privaten Leben? – Ja, erkannte ich. Mir ging ein Licht nach dem anderen auf. Ständig 170 Prozent, immer bis zum Anschlag. Und darüber hinaus. Ohne Rücksicht darauf, was alles auf der Strecke bleibt. Und warum? Weil ich Anerkennung von anderen wollte und keine andere Methode kannte, Anerkennung zu bekommen, außer über meine Leistungen.«

Ich wollte nur noch in irgendein schwarzes Loch reinfallen, Deckel drauf, für immer im Erdboden verschwinden.

Ich beuge mich zurück, breite die Arme aus und strecke mich.

»Saublöd! Das habe ich danach radikal verändert. Egal, was ich heute mache – Drinks mixen, mit meinen Kindern reden, einen Vortrag halten, Gästen in der Bar auf den Zahn fühlen, egal, was – ich stelle mir heute immer die Frage: Habe ich mein Bestes gegeben? Nicht das Beste überhaupt, sondern *mein* Bestes. Und zwar unter Berücksichtigung aller Bedingungen und Lebensbereiche, die mir wichtig sind. Und wenn ich diese Frage mit Ja beantworten kann, bin ich mit mir im Reinen.«

Er nickt und schaut an mir vorbei in den Spiegel an der Rückwand der Bar. Ich fahre fort: »Es gibt bessere Barkeeper, bessere Väter, bessere Liebhaber, bessere Trainer als mich, völlig klar. Die Frage, um die es mir geht, ist aber

> Ich kannte keine andere Methode, Anerkennung zu bekommen, außer über meine Leistung.

eine andere: Die Frage ist, ob ich mein Bestes gegeben habe. Nicht weniger, aber auch nicht mehr. Und wenn das dem anderen, also dem Kunden, Chef oder Partner, nicht genug ist und ich deshalb keine Anerkennung von deren Seite bekomme ... so what! Wenn jemand mehr verlangt als mein Bestes, dann passen wir vielleicht einfach nicht zusammen.«

Ich habe genug geredet

für heute Abend. Nils verarbeitet meine Geschichte. Plötzlich dreht er sich um und schaut zu Jo hinüber. Sie sieht ihn wohl im Augenwinkel und schaut ebenfalls herüber. Nils lacht ihr zu und winkt. Sie winkt zurück.

Er bestellt bei mir zwei Absolutely Fabulous. Einen für Jo, einen für sich. Ich soll beide zum Tisch rüberbringen. Ich bin nicht sicher, was er vorhat. Als ich mit den zwei Gläsern an ihm vorbei zum Tisch gehe, sehe ich ein Glänzen in seinen Augen. Er presst die Lippen aufeinander wie vor dem Start eines Marathonlaufs. Au, au, ob das gut geht!

Jo schaut mich verblüfft an, als ich mit den zwei Gläsern komme. »Bruno, du Sunnyboy, willst du dich zu mir setzen? Seit wann trinkst du mit deinen Gästen?«

»Nein, danke, die Drinks sind nicht von mir, du bist eingeladen.«

Da taucht Nils auf und legt die Hand von hinten auf Jos Schulter. Als ich zum Tresen zurückgehe, sehe ich, wie er konzentriert und freundlich auf sie einredet. Jo schaut verwirrt. Dann setzt sich Nils neben sie und flüstert ihr etwas ins Ohr und legt dabei seine Hand auf ihren Arm. Werde ich gleich Zeuge einer Ohrfeige? Was hat er nur vor?

Jo lacht. Jetzt lachen alle beide. Oh nein, was macht er jetzt?

Er knöpft sich sein Hemd auf, steht auf und zieht es theatralisch aus. Lässt es überm Kopf kreisen wie ein Lasso. Feuert es in den Sessel. Waschbrettbauch. Jo hält sich die Hand vor den Mund. Jetzt steigt er mit den Knien auf ihren Sessel, kniet über ihr, ein Bein links, ein Bein rechts von ihr, beugt sich über sie und küsst sie.

Ich pfeife auf den Fingern. Stopp!

Die Gespräche in der Bar verstummen. Alle Gäste drehen sich um, verrenken sich die Hälse. Münder bleiben offen stehen. Was für eine Szene!

Sie küssen sich leidenschaftlich, Jo packt ihn mit beiden Händen am Hintern. Er hält ihren Kopf in den Händen. Filmreif. Jetzt muss ich eingreifen, sonst geht sie ihm gleich an die Hose.

Ich pfeife auf den Fingern. Stopp!

Nils steigt von ihr herunter. Lacht, knallrot im Gesicht. Er reckt die Faust in die Luft, Jo haut ihm auf den Hintern. Er zieht sein Hemd über. Und geht. Als er an der Bar vorbeikommt macht er mit Zeige- und Mittelfinger das Victory-Zeichen. Ich winke ihm zu, weg ist er.

Jo kommt zur Bar.

Reichlich zerzaust und mit geröteten Wangen.

»Gratuliere. Ihr bekommt von mir einen Oscar!«

Sie seufzt. »Hu! Was für ein Zungenakrobat! Mir ist ganz schwindelig.«

»Warum bist du nicht mit ihm rausgegangen?«, frage ich sie.

Jo schaut mich an, als hätte ich überhaupt nichts begriffen. Recht hat sie. »Na, wie sollte ich«, sagt sie, »er fährt doch gerade zu seiner Freundin.«

»Oh.«

Schweigen.

Jo beugt sich zu mir und legt den Kopf schief: »Du, Bruno. Ich habe eine lebenswichtige Frage an dich. Wer ist der smarte Kerl da hinten am Tisch? Der Große. Der mit diesem dicken Kumpel. Was glaubst du, mag der trinken?«

Sie legt die Zungenspitze in den Mundwinkel und lächelt mich verschmitzt an. Ihre tiefe Stimme vibriert in meinen Ohren.

4
Beam me up Scotty
Wohnen Sport Bildung

2 cl Kahlúa (Kaffeelikör)
2 cl Scotch
2 cl Baileys Irish Cream

»Beam me up, Scotty!« »Meinen Sie mich? Moment …

Energize!«

Ich knalle das Shot-Glas auf den Tresen direkt vor ihr. Sie zuckt zusammen und schaut mich erschrocken an. Dann lacht sie.

»Tschuldigung, Ma'am. Aber das ist ja immerhin ein Shooter, den Sie bestellt haben.«

Ich angle nach der braunen Kahlúa-Flasche, fülle das Shot-Glas zu einem Drittel. Hmmm, das duftet nach Kaffee! Als ich die Flasche zurückstelle, werfe ich ihr einen Blick zu. Hübsch! Ende dreißig schätze ich sie, sehr liebes Gesicht, mit einem süßen spöttischen Zug um den Mund. Tolle Haare. Aber keine Sportlerin. Das fällt mir immer als Erstes auf, ich kann nichts dagegen tun.

Ich greife nach dem irischen Whiskey und setze gerade an …

»Halt!«

»Wie?«

»Bitte nicht, das ist doch *irischer* Whiskey, ich sehe es ganz genau! Das Etikett … er ist aus Irland!«

Jetzt bin ich verblüfft. »Aber natürlich ist das irischer Whiskey. Und gleich kommt auch noch Baileys dazu, der ist mindestens genauso irisch. Da kann ich doch nicht guten Gewissens einen Bourbon reinschütten. Wo ist das Problem?«

Sie kneift die Augenbrauen zusammen und biegt das Kreuz durch. Sie hat Mörderbrüste, ist insgesamt ziemlich mollig.

»Also, es heißt doch ›Beam me up, Scotty‹ und nicht ›Beam me up, Irie‹«, sagt sie. »Oder täusche ich mich?«

»Klugscheißer!«, zischt sie leise zwischen den Zähnen durch.

Da muss ich schmunzeln: Sie will etwas trinken, was sie nicht kapiert. Ich stelle die Flasche auf die Arbeitsfläche, stütze mich mit beiden Händen an der Kante auf, beuge mich leicht zu ihr vor und erkläre ihr genüsslich: »Der Drink heißt doch nicht so, weil Scotch drin wäre! Sondern weil er sich auf eine Figur aus ›Raumschiff Enterprise‹ bezieht. Kennen Sie, oder? Captain Kirk und Spock und so. Beamen. Warp-Antrieb. Sie kennen das? Und der eine Typ im Raumfahrerteam heißt nun mal Scotty.« Ich lächle sie überlegen an.

Sie starrt mir in die Augen. Stille. Ich starre zurück. Ein, zwei, drei, vier ...

»Klugscheißer!«, zischt sie leise zwischen den Zähnen durch und kneift die Augen zusammen.

»Was?«

»Klugscheißer! Chefingenieur Lieutenant Commander Montgomery Scott ist nicht ein Typ im Raumfahrerteam, sondern ein technisches Genie. Er kann alles reparieren. Immer. Und er rettet die anderen Crew-Mitglieder der USS Enterprise aus den brenzligsten Situationen. Seine Doktorarbeit hat er über die Veredelung von Dilithium-Kristallen durch negative Zentrifugation geschrieben. Und er ist *Schotte!*« Sie giftet mich an. »*Schotte!* Das ist doch der ganze Witz dabei. Haben Sie das nie kapiert? Er heißt Scott und ist Schotte! Und glauben Sie im Ernst, ein Schotte würde irischen Whiskey zu sich nehmen? Na?« Ich schweige. »Übrigens heißt es ›*Star Trek*‹.«

»Ach?«

»Wer ›*Raumschiff Enterprise*‹ sagt, hat sich schon gleich als Trekkie disqualifiziert und klargemacht, dass er null Ahnung hat. Und jetzt gießen Sie mir bitte einen Scotch in das Glas!«

Ich bin baff. Und ich belehre sie noch wie ein Schulmädchen! Mensch, Bruno!

»Hoppla. Jetzt haben Sie mich aber kalt erwischt. Sie sind ja gefährlich, gute Frau!« Ich hebe beide Hände auf Schulterhöhe, Handflächen nach vorne. »Bitte nicht weiterschießen!«

Sie lächelt versöhnlich und legt den Kopf schief. Entwarnung! Ich stelle den Irish Whiskey zurück, hole den Scotch vom Regal und gieße das zweite Drittel des Glases voll. »Sie haben alle Folgen gesehen, nicht wahr?«

Sie nickt. »Ja, nicht nur einmal. Wussten Sie übrigens, dass James Doohan, der Schauspieler, der Scotty spielte, im Zweiten Weltkrieg bei der Landung in der Normandie seinen rechten Mittelfinger verloren hatte?«

Die ist ja heiß drauf. Jetzt dreht sie den Spieß um und klugscheißert selber. »Nein, ich gebe zu, das hätte ich jetzt gerade nicht gewusst, wenn mich jemand danach gefragt hätte. Da bin ich ganz aufrichtig.« Ich versuche ein Gesicht zu machen wie ein Grundschüler bei der Abfrage des Gedichtes, das als Hausaufgabe auswendig zu lernen war. »Und Sie wissen bestimmt, wie das genau passiert ist, richtig?«

Ich hebe beide Hände auf Schulterhöhe. »Bitte nicht weiterschießen!«

Sie ist jetzt ganz in ihrem Element: »Ja. Natürlich. Er wurde am D-Day von sechs Kugeln aus einem Maschinengewehr getroffen und niedergestreckt. Eine davon riss ihm den Finger ab. Und wissen Sie was?«

»Ja, schon. Aber sicher nicht das, was Sie jetzt meinen.«

»Es war ein Friendly Fire.«

»Hä?« »Na, er wurde von einem amerikanischen Posten getroffen. Von den eigenen Leuten. Die haben sich zum Teil selber umgebracht. Ist das nicht irre?« Sie deutet mit der Hand an, dass ich endlich den Baileys zugeben soll.

»Nein.« Sage ich und schaue sie fasziniert an.

»Was nein? Sie finden das nicht irre?« Sie legt wieder den Kopf schief. Attraktiv!

»Doch. Ich finde das irre. Selbstsabotage ist sowieso ein Riesenthema. Nicht nur im Krieg. Trotzdem nein. Ich traue mich nicht.«

Selbstsabotage ist sowieso ein Riesenthema.

»Was trauen Sie sich nicht?« Sie schürzt die Lippen und lässt ihre Grübchen sehen.

»Ich traue mich nicht den Baileys einzugießen. Da ist irischer Whiskey drin. Wo James Doohan doch Schotte war.«

»Oh, Mann!« Sie lehnt sich zurück und holt spielerisch mit ihrem Arm aus. »Der war doch kein Schotte! Kanadier war der!«

»Hä?« Jetzt kapier ich gar nichts mehr. »Sie haben doch gerade gesagt …«

»Nein, Sie Klingone! Scotty war Schotte. James Doohan war Kanadier. Aber er hatte ein großes Talent, Akzente nachzumachen. Schütten Sie den Baileys rein! Energize!«

Ihrem Bildungsstand bin ich offenbar nicht gewachsen. Im Gespräch erfahre ich, dass sie in ihrer Abteilung zur Chefin gemacht wurde. Das kann ich gut nachvollziehen. Ich schätze sie tough, selbstbewusst und ehrgeizig ein. Aber kein Mannweib. Sie hat ohne Zweifel auch sehr weibliche Eigenschaften und führt ihren Laden mit all dem weiblichen Geschick im Umgang mit sozialen Systemen und mit viel emotionaler Intelligenz.

Die haben studiert, aber ich bin der Boss. Als Frau!

»Ich verkaufe mich gut«, sagt sie ganz unbescheiden. »Aber ich habe keinen Abschluss.«

»Sie haben keinen Abschluss? Faszinierend. Und ich dachte, Sie seien Professorin für Star Trekologie.«

Sie findet das nicht so witzig.

»Nein. Die Jungs in meiner Abteilung sind alle BWLer, einer ist Jurist. Und ich hatte mir gesagt: Denen zeig ich's! Hat ja auch geklappt, jetzt bin ich ihre Chefin. Die haben studiert, aber ich bin der Boss. Als Frau! Da bin ich schon stolz drauf. Aber bei den Kollegen aus der Chefetage habe ich jetzt echt einen schweren Stand.«

»Weil Sie eine Frau sind oder wegen des fehlenden Diploms?«, will ich wissen.

»Na, beides. Das mit der Frau steht, glaube ich, ziemlich fest«, witzelt sie und schaut an ihren Kurven hinunter. »Aber das mit dem Studium wurmt mich gewaltig. Ich fürchte, für mich geht's nicht mehr weiter.«

Ich werfe das Handtuch, mit dem ich die Tische gewischt hatte, in den Wäschekorb und hole mir ein neues aus der Schublade. »Aber wenn Sie das wirklich wollen, warum studieren Sie dann nicht noch?«

»Ich habe eine Tochter, die ist gerade 21 geworden und vor kurzem ausgezogen. Sie studiert jetzt in Mailand. Ich war zig Jahre alleinerziehend. Da ging das nicht, nebenher noch was zu lernen«, erzählt sie.

»Oh, da ist jetzt aber eine gute Ausrede weggefallen«, provoziere ich sie ein wenig. Und sie funkelt mich gleich wieder biestig an.

»Na, toll, Sie haben ja gut reden! Als Barkeeper braucht man auch kein Diplom, oder?«

Ich lächle sie freundlich an: »Nein, Sie haben recht, als Barkeeper brauche ich mein Diplom tatsächlich nicht. Jetzt unterschätzen Sie zur Abwechslung einmal mich.«

»Ach, ja. Mann, tut mir leid«, sie zieht die Augenbrauen hoch. »Das Thema nervt mich einfach. Ich weiß ja, dass ich was tun sollte, bildungsmäßig meine ich. Aber ich kriege meinen Hintern einfach nicht hoch.«

»Hm.«

Aber ich kriege einfach den Hintern nicht hoch.

»Ja, aber ich habe auch wirklich wenig Zeit. Und ich wohne auch saublöd. Ich brauche jeden Morgen und jeden Abend anderthalb Stunden zur Arbeit. Das sind in der Woche 15 Stunden Fahrtzeit. Die Hälfte eingespart, dann hätte ich netto einen ganzen Tag gewonnen. Da könnte ich dann was lernen.«

»Ziehen Sie um!«

Der innere Schweinehund taucht fast immer auf, wenn wir in unserem Leben etwas verändern wollen.

»Ja, ich weiß«, sie kaut an ihrer Unterlippe und rutscht auf dem Hocker nach vorne. »Aber ich krieg einfach ...«

»... den Hintern nicht hoch!«, komplettiere ich.

»Genau.«

»Und zum Sport können Sie sich auch nicht motivieren, richtig?«

»Richtig«, seufzt sie und legt ihre Hand auf den Bauch.

»Friendly Fire«, sage ich.

»Was?«

»Friendly Fire. Selbstsabotage. Sie sabotieren sich selbst.«

Die meisten Menschen wissen sehr gut, was sie tun sollten, was sie sich wünschen und was ihnen guttun würde. Mehr Sport, bessere Ernährung, endlich eine neue Wohnung suchen, sich fortbilden, endlich anfangen zu Hause aufzuräumen und auszumisten und so weiter. Was sie davon abhält, ist eindeutig: der innere Schweinehund! Er taucht fast immer auf, wenn wir in unserem Leben etwas verändern wollen. Und dann hält er uns mit seinen fiesen

> Unmöglichkeitstaktik, Unverbindlichkeitsmasche, Verharmlosungsstrategie.

Tricks davon ab, dass wir das tun, was sich für uns lohnen würde. Er sabotiert uns, wenn es um unsere Gesundheit geht, wenn wir Projekte angehen und dann auch noch durchziehen wollen, wenn wir Neues lernen wollen, wenn wir aufräumen und Ordnung schaffen wollen, wenn es um den Umgang mit Kollegen, Mitarbeitern und Kunden geht, Freunde und Familie, Bildung und Kultur, Sport und Ernährung, vor allem auch, wenn wir vor wichtigen Entscheidungen stehen.

Nein! Nein! Nein!, sagt das blöde Vieh dann und zieht seinen Stiefel durch. Wir haben keine Chance.

Ich schildere Molly die gemeinen Strategien des inneren Schweinehunds: »Immer wenn wir uns überwinden wollen, bringt er zum Beispiel seine Unmöglichkeitstaktik: ›Kann gar nicht klappen!‹ Und dann die Unverbindlichkeitsmasche: ›Man könnte doch mal ...‹ Oder die Verharmlosungsstrategie:

›Was soll's. Das haben schon ganz andere nicht hingekriegt …‹ Oder seine Rücksichtsfinte: ›Willst du denen das wirklich antun?‹ Beliebt ist auch das Herkules-Prinzip: ›Das kann doch nie und nimmer ein Mensch alles auf einmal …‹ Die Nicht-zuständig-sein-Falle: ›Warum ausgerechnet ich?‹ Und der Sicherheitstrick: ›Bloß nichts riskieren!‹ Und, nicht zu vergessen, die Ablenkungsmanöver: ›Nur eben noch mal schnell …‹«

Rücksichtsfinte, Nicht-zuständig-sein-Falle, Ablenkungsmanöver.

»Wow«, sagt sie. »Was machen Sie denn nach Feierabend? Das klingt ja wie aus einem Seminar.«

»Da haben Sie recht, das ist aus einem Seminar.«

Sie denkt nach, trinkt den letzten Tropfen aus ihrem Shot-Glas und bestellt gleich noch mal einen.

»Sie haben kein Problem mit dem inneren Schweinehund? Oder wie?«, fragt sie mich.

»Doch. Natürlich.«

Es gab eine Zeit, da habe ich abends mit den Gästen gerne mal einen mitgetrunken. Das ging dann schon mal bis zum nächsten Morgen. War immer nett und hat viel Spaß gemacht, aber am nächsten Tag war ich platt wie eine Scholle, bis hin zum Totalausfall. Und wenn ich dann in meinem anderen Job im Einsatz war, war ich nicht auf der Höhe. Das war es einfach nicht wert.

Und abends waren dann wieder ein paar nette Gäste da, es war lustig und schon war ich wieder mittendrin und am nächsten Tag wie ausgewrungen. Ich kotzte mich irgendwann nur noch selber an. Aber ich schaffte es nicht, dieses Muster zu durchbrechen.

Eines Abends traf ich in meiner Bar einen alten Bekannten und von dem erzählte ich jetzt der hübschen Molly. Ich hatte ihn fast nicht wiedererkannt, denn er war schlank, fit und sah gesund aus. Er bestellte einen bleifreien Fruchtcocktail.

Knapp ein Jahr vorher hatte ich ihn das letzte Mal gesehen: Da hatte er noch gut 15, 20 Kilo mehr. Voll der Schwabbeltyp. Als Jugendlicher war er Leistungsturner, aber irgendwann hatte ihn der Alltag in Job und Familie in Birnenform gebracht. Die Sixpacks von früher waren ersetzt durch ähnlich viele Röllchen vor dem Bauch. Er war fett. Und fett sein macht träge. Und träge sein macht fett.

Er war kreuzunglücklich, denn er war nicht mehr attraktiv, er war auch nicht mehr leistungsfähig und seine zwei Kinder zogen ihn bereits auf. Aber wie er aus seinem Teufelskreis rauskommen sollte, das war ihm nicht klar. Denn natürlich hatte er alle Diätversuche mit noch mehr Kilos bezahlt, das übliche Jojo-Programm. Ihm mangelte es an Bewegung, er ernährte sich miserabel, nahm sich keine Zeit für sich selbst und generell kriegte er den ...

»... Hintern nicht hoch. Genau«, sagt sie. »Und was hat er dann gemacht?«

»Dann hatte er von mir ein Buch geschenkt bekommen. Von einem Bekannten von mir, den ich ab und zu auf der Hundewiese treffe«, fahre ich fort. »Es geht darin genau um diesen inneren Schweinehund.«

Er hat sich ein Ziel gesetzt. Und das ist einer der zentralen Punkte.

Sie zieht die Augenbrauen zusammen.

»Jedenfalls las er das Buch, stellte sich anschließend nackt vor den Spiegel und sagte sich: ›Scheiße, ich sehe aus wie ein Maikäfer. Ich habe die Schnauze voll.‹ Er wollte nicht mehr so fett sein, und er hatte ja gerade etwas Schlaues gelesen und zwang sich darum, außer dem Von-weg-Ziel auch noch ein Hin-zu-Ziel zu definieren. Er hat sich ein Ziel gesetzt. Und das ist einer der zentralen Punkte.«

»So?«

»Ja, aber ein konkretes Hin-zu-Ziel. Sie sagen sich also nicht: Ich will nicht mehr so faul sein. Oder: Ich will nicht mehr so lange zur Arbeit fahren. Oder: Ich will nicht mehr schlechter gebildet sein als die Kollegen. Das würde nicht funktionieren.«

Entweder Sie wollen oder Sie wollen nicht.

Ich gehe kurz hinüber zu den Tischen, um eine Bestellung aufzunehmen. Als ich wieder zurück bin und mich an der Kaffeemaschine zu schaffen mache, sagt sie: »Ich muss also sagen: Ich möchte gerne bis spätestens Juni eine schöne helle Altbauwohnung in der Nähe des Stadtzentrums haben, größer als 75 qm, für maximal 1.000 Euro Miete, am besten im vierten Stock oder höher, damit ich Treppen laufen kann. Habe ich's kapiert?«

»Ich bin begeistert«, antworte ich und sortiere Unterteller, Löffel, Kekse, Zucker und Tassen auf das Tablett. »Kleiner Tipp noch: ›Möchte gerne‹ ist zu lasch. Entweder Sie wollen oder Sie wollen nicht. Mein Kumpel hat sich, als er nackt vor dem Spiegel stand, als Ziel gesetzt, dass er sechs Monate später einen Halbmarathon laufen wollte. Konkret, mit Ort und Datum. Er wollte keine bestimmte Zeit laufen, sondern einfach nur ohne anzuhalten durchkommen. Aber das war nicht alles.«

Ich bugsiere die Kaffees durch den Raum an den großen runden Tisch und komme mit einer neuen Bestellung wieder hinter den Tresen.

»Was noch?« Sie ist neugierig.

»Er bastelte sich ein Zielbild. Er suchte ein Foto von einem Marathon-Zieleinlauf und überklebte einen der Köpfe mit einem Foto von sich selbst. Daneben hängte er ein Foto von sich in der Badehose aus dem Maikäferurlaub. Mit einer Fünfundzwanzig-Kilo-Schwabbel-Plautze, die so richtig über die Badehose rüberhängt. Ein kapitales Schockfoto. Vorher – nachher. Und beides hängte er sich so an die Wand im Büro, dass er es jeden Morgen ansehen musste. Und auch die Kollegen. So was wirkt.«

Ich bringe einen Bitter Lemon und einen Tomatensaft an den Tisch und komme zurück zu Molly, die mich ungeduldig anschaut.

»Und weiter?«

»Er schrieb einen Satz darunter: ›Ich bin stolz darauf, am 16. Mai den Halbmarathon in Heilbronn komplett durchzulaufen, ohne zu gehen oder stehen zu bleiben.‹ Aber das war noch nicht alles.«

»Fakt.« Sagt sie, leert ihr Glas und knallt es auf den Tresen.

»Hey, Mann, erzähl einfach alles. Ich muss das doch wissen, oder?« Sie lacht und schlägt mir mit dem Handrücken gegen die Schulter.

»Okay. Als Nächstes meldete er sich online für den Marathon an und überwies die Anmeldegebühr. Fakt. Am selben Tag ging er in ein Sportgeschäft ...«

»Ich hoffe, er hatte sich vorher wieder angezogen!«

»... und kaufte vollständig bekleidet ein Paar Laufschuhe. Fakt. Und dann meldete er sich beim Lauftreff an, um sich dem Gruppendruck auszusetzen.«

»Fakt.« Sagt sie, leert ihr Glas und knallt es auf den Tresen, wie sich das für einen Shot gehört. Deshalb haben die Shot-Gläser übrigens unten so einen dicken Glasboden.

»Noch einen?«, frage ich sie.

»Nein danke, lieber eine große Apfelschorle, Ihre Drinks machen durstig.«

Ich mache ihr die Apfelschorle, trockne mechanisch Glas und Arbeitsfläche mit dem Handtuch und erzähle weiter. Denn das war immer noch nicht alles. Mein Kumpel erzählte allen Freunden und Bekannten, dass er sich zum Marathon angemeldet hatte, so dass die Blamage riesengroß gewesen wäre, hätte er den Lauf nicht geschafft. Jedes Mal wenn er merkte, dass er belächelt wurde, nahm er das als Ansporn. Er trug sich jeden Trainingstermin fein säuberlich in seinen Kalender ein. Und dann setzte er noch eins obendrauf und schloss mit seinem besten Freund eine Wette ab: Sie buchten ein Kumpel-Wochenende in Barcelona kurz nach dem Wettkampftermin. Würde er es nicht schaffen, würde er die Reise zahlen, würde er es schaffen, ginge alles auf Kosten seines Freundes.

»Also, ich glaube, ich habe das kapiert. Er schuf Fakten und machte sie unumkehrbar. Und er bezog sein komplettes Umfeld mit ein, um seinem Schweinehund Dampf zu machen.« Sie nippt an der Apfelschorle. »Hm, das ist ja lecker.«

»Direktsaft vom Bodensee. Gut für die Verdauung ...«, grinse ich, während ich die Spüle wische. »Mit der Zeit wird der Schweinehund dann zum Freund und hilft einem ganz gewaltig. Denn wenn man sich an das neue Verhalten gewöhnt hat, passt er gut auf, dass man daraus nicht mehr ausschert. Allerdings setzt diese ganze Sache natürlich voraus, dass man überhaupt weiß, was man will – und ob man das überhaupt *wirklich* will.«

Jedes Mal, wenn er merkte, dass er belächelt wurde, nahm er das als Ansporn.

Molly geht auf die Toilette. Als sie wiederkommt, frotzle ich: »Oh, tut mir leid, ich wusste nicht, dass der Apfelsaft so schnell wirkt.«

»Idiot! Das tut er ja auch nicht.« Sie setzt sich wieder auf den Hocker. »Erzählen Sie mir bitte noch: Was wurde aus Ihrem Freund? Hat er es geschafft?«

»Ja. Na, klar. Wie gesagt, er war eines Abends in meiner Bar und ich sprach ihn auf sein fittes Aussehen an. Da erzählte er mir die ganze Geschichte. Er hat es gepackt. Das hat auf mich einen solchen Eindruck gemacht, dass ich beschloss, mich auf ähnliche Weise am Schopf aus dem Sumpf zu ziehen und meine Sauferei mit den Gästen sein zu lassen. Und das war eine meiner besten Entscheidungen. Ich habe es auch gepackt. Jetzt müssen nur noch Sie es packen. Das mit dem Umzug kommt als Erstes dran. Das schaffen Sie!« Ich klopfe mit der flachen Hand auf den Tresen.

Molly nickt. »Ich schaffe das. Ich halte mich an Scotty und rufe ihn zu meiner Motivation aus der Zukunft heran. Übrigens, kennen Sie das Geheimnis, warum Scotty immer alles gerade noch rechtzeitig hinbekommt, obwohl Captain Kirk ihn immer enorm unter Druck setzt und ihm viel zu enge Deadlines gibt?«

Das war eine meiner besten Entscheidungen. Ich habe es auch gepackt.

»Nein, da bin ich nicht eingeweiht.«

»Er gibt seinen Zeitbedarf immer absichtlich zu hoch an, damit er es auf jeden Fall schafft, wenn Kirk von ihm verlangt, es in der Hälfte der Zeit zu schaffen. Er hat schließlich einen Ruf zu verteidigen ...«

Sich selbst zu dem motivieren

zu können, was gut für einen ist, ist eine Fertigkeit, die man sich wie jede andere Fertigkeit aneignen kann. Reine Übungssache. Faulheit, Trägheit, Aufschieberitis – neudeutsch: Prokrastination – sind nur Angewohnheiten, schlechte Angewohnheiten. Wer also die Kunst beherrscht, Angewohnheiten zu ändern, der kann fleißig, pünktlich und produktiv sein. Und vieles mehr. Wenn er will.

Faulheit, Trägheit, Aufschieberitis.

Zu glauben, man sei nun mal so, wie man ist, ist eine der vielen kleinen Selbstbetrügereien. »Ich bin nicht fleißig«, »Ich kriege den Hintern nicht hoch«, »Ich bin eben ein Gemütlicher« – alles Glaubenssätze, die vielleicht in der Vergangenheit zugetroffen haben mögen, die für die Zukunft aber nicht gelten müssen. Es gibt kein Gen, das wir zum Sündenbock erklären können. Unsere Eltern, unsere Schulzeit oder sonstige Ereignisse in der Vergangenheit sind gewesen, wie sie gewesen sind. Aber sie manifestieren nicht die Zukunft.

Wenn Molly es schafft, aus dem Quark zu kommen und sich eine neue Wohnung zu suchen, sich weiterzubilden und regelmäßig Sport zu machen, dann deshalb, weil sie sich konkrete Ziele setzen wird. Sie ist ja nicht faul. In ihrem Job hat sie kein Trägheitsproblem, ganz im Gegenteil. Aber da hatte sie ja auch immer konkrete Ziele und wusste, wozu sie sich anstrengte.

Der wesentliche Unterschied zwischen einem Ziel einerseits und einem Vorsatz oder einem Vorhaben oder einer Wunschvorstellung andererseits besteht darin, dass bei einem guten Ziel die Verwirklichung exakt erkennbar ist. Dazu muss das Ziel auf eine ganz bestimmte Weise formuliert werden. Ich habe acht Kriterien gefunden, die eine sinnvolle Zielformulierung erfüllen sollte. Erstens sollte die Formulierung eine Ich-Aussage sein. Zweitens sollte das Ziel im eigenen Einflussbereich liegen. Sie können sich nichts vornehmen, was nur dann erreichbar ist, wenn die Regierung eine Steuerreform durchführt, der Klimawandel zum Erliegen kommt oder die Nachbarin stirbt. Die Erreichbarkeit des Ziels muss unabhängig sein von Zufällen oder purem Glück. Drittens sollte das Ziel so formuliert werden, dass man es messen kann: erreicht oder nicht? Dazu muss es sehr konkret formuliert werden, beispielsweise auch Zahlen, Daten, Fakten enthalten, die erreicht werden sollen. Und ein konkretes Datum braucht es auch. Wichtig in dem Zusammenhang ist weiterhin, dass die messbaren Daten absolute, nicht relative Ziele sind. Es bringt also überhaupt nichts, als Ziel zu formulieren: »Ich werde bald *weniger* wiegen.« Es genügt auch nicht zu sagen: »Ich werde bis zu den Sommerferien ein paar Kilo abnehmen.« Und immer noch nicht ausreichend ist: »Ich werde bis zum Beginn der Sommerferien 10 Kilo abnehmen.« Warum das nicht reicht? Weil Sie dann zum Beispiel zuerst im Winter zehn Kilo zunehmen könnten, um bis zum Sommer wieder zehn Kilo abzunehmen. Bis zu den Sommerferien zehn Kilo abnehmen? Auftrag erfüllt! Saldo: null Kilo. Ein Schuh wird daraus, wenn Sie formulieren: »Am 15.7. wiege ich 87 Kilo.«

Ich habe acht Kriterien gefunden, die eine sinnvolle Zielformulierung erfüllen sollte.

Hier ist schon das vierte Kriterium eingebaut: Formulieren Sie mit Entschlossenheit und in der Gegenwartsform. Also: »Ich mache …« oder »Ich bin …« Und auf keinen Fall: »Ich würde ganz gern …« oder »Ich möchte …«

Fünftens muss das Ziel positiv formuliert sein. Andersherum ausgedrückt: Es darf keine Verneinung und keine Von-weg-Aussage enthalten. Also nicht »Ich will hier nicht mehr wohnen«, sondern »In eine neue Wohnung einziehen«. Statt »Ich will nicht mehr so viel fernsehen« formulieren Sie zum Beispiel: »Ich lese ab sofort mindestens zweimal pro Woche abends eine Stunde lang oder länger ein gutes Buch.«

> Es ist ein gutes Ziel, wenn es herausfordernd, aber dennoch erreichbar ist.

Sechstens sollten Sie das Ziel so formulieren, dass Sie selbst an dessen Erreichbarkeit glauben. Es ist ein gutes Ziel, wenn es herausfordernd, aber dennoch realistischerweise erreichbar ist. Siebtens rate ich Ihnen, dem Ziel den Ausdruck von Freude und Begeisterung zu geben: »Ich freue mich, dass ich …« oder »Ich bin stolz darauf …« Achtens darf das Ziel auch keinen Stress machen, wenn Sie es erreichen wollen. Ich füge deshalb jedem Ziel einen Zusatz an: »Ich erreiche dies auf eine gelassene, gesunde und für alle Beteiligten positive Art und Weise.«

»Ich find's klasse, dass ich ab morgen mindestens zweimal pro Woche bei einem Puls von maximal 145 jogge. Das ziehe ich durch bis zum 31. Mai« – das wäre zum Beispiel ein gut formuliertes Ziel. Oder: »Ich gewinne bis zum 31.12. dieses Jahres mindestens fünf Neukunden mit einem Auftragsvolumen von insgesamt mindestens 500.000 Euro.« Oder: »Ich mache ab sofort konsequent jeden Sonntag meine Wochenplanung. Darin enthalten ist jeweils mindestens eine Aktivität mit den Kindern und eine Sporteinheit.«

Einige Wochen später

kommt Molly mit einer Freundin in die Jangada Bar. Ich nehme ihre Bestellung auf und frage: »Und, haben Sie schon was Neues gefunden?«

Sie schaut mich an wie ein Auto. »Was gefunden? Habe ich denn was gesucht?«

»Ja.« Pause. »Aber dann war es wohl nicht so wichtig.« Ich bin enttäuscht.

Auf dem Weg zurück hinter die Bar grüble ich, was da los ist. Sie wollte doch dringend näher an ihren Arbeitsplatz, um dann die Zeit zu haben, sich fortzubilden. Wir haben doch noch zusammengesessen und hatten auf einer Serviette ihr Ziel formuliert. Und jetzt ist alles vergessen?

Auf dem Weg zurück hinter die Bar grüble ich, was da los ist.

Woran liegt so etwas? Die Leute haben natürlich immer Ausreden: Keine Zeit. Andere Prioritäten. Die anderen sind schuld. Und so weiter. Wann fangen die Leute an, etwas zu ändern? Meistens erst dann, wenn es schon fast zu spät ist, wenn der Leidensdruck riesengroß ist, wenn sie so richtig einen vor den Koffer gekriegt haben. Dummerweise erst dann. Rauchen, schlemmen und den ganzen Tag herumsitzen bis zur ersten Bypass-Operation. Dann ändert sich das Verhalten – vielleicht. Und auch dann oft nicht auf Dauer. Es hätte aber auch schon der erste Infarkt tödlich sein können. Arbeiten bis zum Umfallen. Oder bis zum Tinnitus. Oder bis zum Bandscheibenvorfall. Und dann kommt eine Änderung. Gezwungenermaßen. Das kann jeder.

So wie einer meiner Gäste, der mir von seinem großen Umschwung im Leben erzählt hatte: Eines Vormittags war er im Büro gegen die Glastür geknallt. Er hatte die Klinke nicht gesehen und deshalb gedacht, die Tür sei offen. Er hatte es gar nicht gemerkt, aber sein Gesichtsfeld war eingeschränkt, in der unteren Hälfte fehlte ein großes Stück. Er rief sofort einen Freund an, der ihn abholte und gleich ins Krankenhaus fuhr. Er wurde direkt ruhiggestellt und durfte sich nicht mehr bewegen. Diagnose: Apoplex. Gehirnschlag. Mit Mitte dreißig.

Er hat es überlebt und sein Gesichtsfeld kam auch wieder zurück. Aber die Dynamik von früher ist weg, er ist seitdem nicht mehr so belastbar und er ist sehr wetterfühlig geworden. Bei der Ursachenforschung kam raus: Er hatte sich das Leben selbst zur Hölle gemacht, sich in seinem Job einem wahnsinnigen Stress ausgesetzt und von seinen Kollegen, den Kunden und seinem Chef permanent antreiben lassen. Er konnte nicht Nein sagen und saß bis spät nachts am Schreibtisch, oft auch am Wochenende, um die Termine zu halten. Bis eines Tages sein Körper laut und vernehmlich »Stopp!« gesagt hat.

Das Erstaunlichste dabei: Er lernte von einem Moment auf den anderen, gelassen zu bleiben und sich keinen Stress zu machen. Mühelos. In seinem Job bekam er genau die gleichen positiven Rückmeldungen wie früher, niemand war unzufrieden mit ihm, obwohl er viel weniger arbeitete und einfach ablehnte, was ihm zu viel war. Jeder akzeptierte das, keiner wunderte sich, außer er selbst. Die Ergebnisse stimmten trotzdem. Oder gerade *weil* er weniger arbeitete. Dafür aber effektiver. Er hatte offenbar früher überhaupt niemandem einen Gefallen damit getan, sich kaputtzuarbeiten. Es hatte in Wahrheit niemanden interessiert. Er hatte sich den Stress ganz alleine gemacht, nur für sich selbst.

Zunächst einmal müssen Sie Ihr bisheriges Verhalten würdigen.

So ein Ereignis kann ein heilsamer Schock sein. Aber es geht doch auch ohne Schocktherapie. Es gibt Beispiele von Menschen, die ihr Verhalten ändern, bevor es zur Katastrophe kommt. Das geht. Allerdings bedarf das einer Reihe von Voraussetzungen.

Zunächst einmal müssen Sie Ihr bisheriges Verhalten würdigen. Sie wollten nämlich auch bisher nur Ihr Bestes. Jeder will immer nur sein Bestes. Wenn wir uns dabei ungesund oder wenig zielführend verhalten, dann nicht weil wir uns selbst schaden wollen. Wir haben uns lediglich Angewohnheiten zugelegt, die nicht effektiv sind oder nicht zu unserer gegenwärtigen Situation passen. Das größte Problem: Unser Unterbewusstsein, also unser innerer Schweinehund, will, dass es uns jetzt gut geht. Jetzt, im gegenwärtigen Moment. Und gut gehen heißt für ihn: angenehm, bequem. Oft müssen wir aber etwas unternehmen, das unangenehm oder mühsam ist, damit es uns in einer Stunde, morgen oder in einem Jahr gut geht. Da ist unser innerer Schweinehund dann leider überfordert, denn er lebt ganz im Hier und Jetzt.

Da braucht er dann sein Herrchen, also das Bewusstsein. Man kann auch sagen: Willenskraft. Eines sollten Sie nur bitte verstehen: Wir müssen uns nicht überwinden. Wir haben keinen Feind in uns. Wir müssen uns vielmehr wieder mit uns selbst anfreunden. Alle Persönlichkeitsanteile von Ihnen haben eines gemein: Sie wollen, dass es Ihnen gut geht. Gefragt ist nur etwas Köpfchen, um allen Anteilen beizubringen, dies so anzustellen, dass es auch zu Ihrer Situation und Ihrem Umfeld passt.

War das Ziel für sie gar nicht sinnvoll?

Ich fülle die Zutaten für zwei Cocktails in den Shaker. Und schüttle.

Ist es das, was Molly davon abhält, ihr Ziel zu erreichen, also eine Wohnung zu finden? – Sie hat offenbar nicht mal angefangen zu suchen, sondern das Ziel schnurstracks wieder aus den Augen verloren.

Oder ist es etwas anderes? War das Ziel für sie gar nicht sinnvoll?

Ich gieße den Inhalt in die zwei Cocktailgläser. Garnierung dran. Strohhalme. Und fertig. Mit dem kleinen Tablett bringe ich die Drinks an den Tisch zu Molly & Co.

Als ich die Lieferung abstelle, schaut mich Molly ganz ernst an. »Mir ist eingefallen, was Sie vorhin meinten.«

»Ja?«

»Ja, ich erinnere mich durchaus an unser Gespräch. Das Ziel, das wir da gemeinsam auf der Serviette formuliert haben, das war schon sehr gut. Aber ...«

Sie lächelt, als sie fortfährt: »... aber es ist nicht mehr wichtig. Ich habe erkannt, dass ich gar nicht in der Stadt leben will. Ich bin glücklich und zufrieden in meiner Wohnung. Und ich möchte auf gar keinen Fall ausziehen.«

Ich beginne zu verstehen. »Das heißt, Ihnen war gar nicht so wichtig, sich weiterzubilden? Das war vielleicht nur ein Glaubenssatz, so etwas wie ›Man muss sich doch weiterbilden!‹?«

Sie schüttelt den Kopf. »Nein, nicht ganz. Ich finde Weiterbildung nach wie vor wichtig. Ich habe mir darum einen Audio-Kurs besorgt und büffle jetzt BWL auf der Autofahrt. Ist gar kein Problem und macht mir Spaß.«

Das freut mich. »Hey, das ist eine gute Idee!«

»Ja, finde ich auch. Die drei Stunden Autofahrt jeden Tag stören mich gerade überhaupt nicht. Das zu ändern hätte gar keinen Sinn gemacht.«

»Gratuliere!«, sage ich. Nicke ihr zu und gehe wieder hinter den Tresen.

So ganz überzeugt bin ich nicht.

Ich weiß nicht, woran es liegt, aber ich habe das Gefühl, Molly lügt sich da was in die Tasche. Ja, die Idee mit dem Audio-Kurs ist großartig. Aber sie wohnt vermutlich immer noch ganz allein draußen auf dem Lande und treibt immer noch keinen Sport. Ich peile über den Tresen, um noch einmal ihre Figur in Augenschein zu nehmen. Zu viel Speck, ganz eindeutig. Und ich weiß, dass sie damit nicht glücklich ist. Ich vermute, dass ihr innerer Schweinehund ganz geschickt unterwegs ist, um sie mit Ausreden einzulullen und im Status quo festzuzurren.

Wenn ich mir ein Ziel setze, dann genügt es nicht, dass es gut formuliert ist, es muss für mich auch Sinn machen.

E.M. Gray schrieb in seinem Artikel »Der gemeinsame Nenner des Erfolgs«:

Der erfolgreiche Mensch hat die Gewohnheit, die Dinge zu tun, die die Versager nicht gerne tun. Die Erfolgreichen tun sie auch nicht notwendigerweise gerne. Aber ihre Abneigung ist der Kraft der Sinnerfüllung untergeordnet.

Der letzte Satz ist der Schlüssel. Es kommt auf das Wozu an. Wenn ich mir ein Ziel setze, dann genügt es nicht, dass es gut formuliert ist, es muss für mich auch Sinn machen. Der innere Schweinehund versorgt mich genau dann mit allen möglichen Ausreden, wenn das Erreichen des Ziels unbequemer, mühevoller oder unangenehmer ist, als es aus meiner subjektiven Sicht sinnvoll ist. Das Vorhaben ist aber nun mal so unbequem, mühevoll oder unangenehm, wie es ist. Da beißt die Maus keinen Faden ab. Wenn in der Waagschale das Erreichen des Ziels also schwerer wiegt als der Sinn und ich mir lieber eine Ausrede suche, dann war der Sinn des ganzen Unterfangens nicht gewichtig genug.

Oder andersrum gesagt: Wenn mir ein Ziel ausreichend sinnvoll erscheint, dann bin ich bereit, dafür auch einen Preis zu bezahlen. Der Witz dabei ist, dass wir den vollen Preis oft nicht sehen können, denn der Preis, den es kostet, etwas *nicht* zu tun, ist oft höher als die Kosten des Tuns. Wie finde ich das raus? Indem ich mir die kurz-, mittel- und langfristigen Konsequenzen vor

> Wenn mir ein Ziel ausreichend sinnvoll erscheint, dann bin ich bereit, dafür auch einen Preis zu bezahlen.

Augen halte. Welchen Preis habe ich schon dafür gezahlt, dass ich nicht umgezogen bin, dass ich mich nicht weitergebildet habe, dass ich keinen Sport gemacht habe? War das ein gutes Geschäft? Und welche emotionalen Kosten muss ich in meinen Plan schreiben, wenn ich weiterhin nicht aktiv werde? Wie viel kostet mich das in einem Jahr, in fünf, in zehn? Kann ich so einen Bilanzgewinn einfahren oder zahle ich drauf? Fahre ich mein emotionales Konto ins Bodenlose, wenn ich weiter tatenlos bleibe?

Sinn klingt so hochtrabend. Dabei ist es ganz einfach. Ob etwas für Sie Sinn macht oder nicht, ist eine Frage der Emotion: Wir tun nur Dinge, die uns emotional bewegen. »Fünf Kilo abnehmen« ist erst mal vollkommen blutleer. Die Frage ist: Wozu will ich abnehmen? Welchen emotionalen Zustand strebe ich damit an? Wie wird es sich anfühlen, wenn ich mich wieder im Bikini an den Strand traue statt im Schlabberhemd? Wie wird es sich anfühlen, abends, wenn ich nackt aus dem Bad ins Schlafzimmer gehe, das Licht endlich mal wieder AN zu lassen? Wenn die damit verbundene Emotion erstrebenswert ist, dann macht ein Ziel Sinn.

Umziehen, um weniger Auto zu fahren, um mehr Zeit für Weiterbildung zu haben – das hat sich wunderbar angehört, hat aber offenbar für Molly wenig Sinn ergeben. Das Wozu, der Zweck des Unterfangens, war nicht ausreichend attraktiv. Aber was ist es dann? Warum werde ich den Eindruck nicht los, dass sie weiterhin unzufrieden ist?

Ich bin der »Mestre de Jangada«.

Unter uns: Es geht mich ja überhaupt nichts an. Es kann mir völlig egal sein, was meine Gäste mit ihrem Leben anfangen, könnten Sie berechtigterweise denken. Warum zerbreche ich mir den Kopf, was im Kopf von Molly oder irgendwelchen anderen Leuten vorgeht?

Ich will mal so viel verraten: Es ist mir ein Vergnügen. Und der wahre Grund, warum ich die Jangada Bar eröffnet habe. Ich bin der »Mestre de Jangada«.

»Was heißt eigentlich Jangada?«, reißt mich eine sanfte Stimme aus meinen Gedanken.

»Was?« Ich schaue auf und sehe Molly und ihre Begleiterin an der Bar Platz nehmen.

»Wir ziehen um an die Bar und wollen gerne noch ein wenig gebeamt werden. Lässt sich das machen, Scotty?« Sie lacht mich an und ihre Freundin schaut etwas verdutzt.

»Aber klar, Molly. Macht euch bereit!«, sage ich und knalle zwei Shotgläser auf den Tresen. Die beiden zucken zusammen.

»Wie haben Sie mich gerade genannt? Molly?«

»Oh, tut mir leid. Heißen Sie nicht so?« Das ist mir jetzt peinlich, das ist mir so rausgerutscht.

»Na, macht ja nichts«, sagt sie ganz ruhig. »Ich schätze mal, Sie haben an Molly Sims gedacht, als Sie mich so getauft haben, stimmt's? Als ich noch eine halbe Tonne leichter war, hatte ich tatsächlich ein wenig Ähnlichkeit mit ihr. Aber noch mal die Frage: Sie haben da vorhin irgendwas genuschelt – ›Mercedes Jangada‹ oder so. Jangada heißt doch die Bar, oder?«

Ich bin erleichtert, dass sie das Molly-Thema nicht vertieft hat, und beantworte ihr gerne ihre Frage: »Mestre de Jangada – der Jangada-Kapitän. In Brasilien gibt es an der Küste auch heute noch die ursprünglichen Flöße, mit denen die Fischer manchmal mehrere Tage auf hoher See unterwegs sind, um ihren Fang einzubringen. Das sind einfache Flöße aus Holzstämmen mit kleinen Segeln. Um sie zusammenzubinden, wird kein einziges Stück Metall verwendet. Die Jangadeiros sind abergläubisch und haben Angst, dass ihr Floß sinken würde, wenn da ein Metallnagel drin wäre.«

Sie tun, was sie lieben, und sie sind, was sie von ganzem Herzen sein wollen.

Ich gieße die drei Flüssigkeiten in die zwei Gläser.

»Ich liebe Brasilien. Die Mutter zweier meiner Kinder ist Brasilianerin. Und die Flöße haben mich fasziniert. Deshalb habe ich die Bar so genannt. Bis zu 120 Kilometer weit fahren diese Verrückten damit aufs Meer hinaus. Nachts binden sie sich am Mast fest, um von den Wellen nicht heruntergespült zu werden.«

»So etwas kann ich mir gar nicht vorstellen«, sagt Mollys Freundin. »Ich werde schon auf der Fähre zwischen Calais und Dover seekrank. Auf einem Floß würde ich sterben vor Angst.«

Ich nicke ihr zu. »Die Jangadeiros sind Fischer mit Leib und Seele. Das, was sie tun, lieben sie so sehr, dass sie sich gar nichts anderes auf der Welt vorstellen können. Es ist für sie einfach selbstverständlich. Sie tun, was sie lieben, und sie sind, was sie von ganzem Herzen sein wollen.« Ich schaue Molly an. »So wie Sie.«

»Ich?«

»Ja. Ihre Arbeit ist das, was Sie für sich gewollt haben. Und Ihre Wohnung ist die, die Sie sich für sich ausgesucht haben. Und Ihr Körper, Ihr Aussehen, Ihre Figur, Ihre Fitness sind genau die, die Sie sich für sich gewünscht haben. Einverstanden?«

Wer große Fische harpunieren will, muss manchmal weit hinausfahren.

Molly entgleiten die Gesichtszüge. Sie schaut mich entgeistert an. Ich lege nach: »Ich habe Sie nicht Molly getauft, weil Sie Ähnlichkeit mit Molly Sims haben.« Ich stelle mir einen Augenblick lang Molly Sims im Bikini vor. Wow! Dann schaue ich wieder die Molly an, die in ihrem übergroßen Schlabberkleid vor mir sitzt. Sie hat grüne Augen. »Mir ist der Name eingefallen, weil Sie ganz schön mollig sind. Für meinen persönlichen Geschmack *zu* mollig. Aber wenn das Ihre Wunschfigur ist, ist es ja auch keine Beleidigung.«

Sie starrt mich an. Ihre Freundin starrt mich ebenfalls an.

»Arschloch«, knurrt Molly. Rutscht vom Hocker runter, zieht ihre Freundin am Ärmel mit sich. Weg sind sie.

Wer große Fische harpunieren will, muss manchmal weit hinausfahren.

Mollys Impuls, sich weiterzubilden,

ist eigentlich goldrichtig. Nicht nur, um ihren Chef zu beeindrucken, sondern aus etlichen weiteren Gründen. Sich permanent weiterzubilden ist klug. In Amerika gibt es tolle Studien, die belegen, dass ein einziges zusätzliches Jahr auf einer weiterführenden Schule das Einkommen im späteren Leben um sieben bis zwölf Prozent erhöht. Das wurde sogar mit eineiigen Zwillingen gezeigt: Die gleichen genetischen Voraussetzungen, das gleiche Elternhaus, das gleiche Umfeld, in dem sie aufgewachsen sind. Der eine Zwilling geht ein Jahr länger auf die Schule, der andere fängt ein Jahr früher an zu arbeiten. Derjenige Zwilling, der noch ein Jahr in seine Bildung gesteckt hat, überholt den anderen später locker beim beruflichen Erfolg und beim Einkommen.

Der Kontostand ist aber nur eine Auswirkung von viel grundsätzlicheren Effekten, die Bildung auf Menschen hat. Wenn man alle Studien zusammen nimmt und auswertet, findet man erstaunliche Ergebnisse: Gebildetere Menschen genießen höheres Ansehen, sind freier bzw. haben weniger Abhängigkeiten zu erdulden. Sie haben größere Freundes- oder Bekanntenkreise und haben gesündere Arbeitsplätze. Sie sind mit ihrer Arbeitsstelle zufriedener und werden seltener arbeitslos. Sie sind gesünder, sowohl körperlich als auch geistig. Es kommt noch besser: Gebildete Frauen sind attraktiver für Männer und vice versa. Gebildete lassen sich weniger scheiden, werden weniger straffällig. Gebildete haben weniger Stress, obwohl sie in Berufen mit mehr Verantwortung arbeiten.

> Gebildetere Menschen genießen höheres Ansehen und sind freier.

Und die positiven Effekte pflanzen sich über die Generationen hinweg fort: Die Kinder gebildeter Eltern sind im Vergleich mit den Kindern weniger gebildeter Eltern ebenfalls gesünder, haben weniger Probleme in der Schule und sind später im Leben erfolgreicher, beruflich wie privat.

Und weiter: Wenn in einer Stadt Menschen mit hohem Bildungsgrad leben, dann ist nicht nur ihr Einkommen höher als das der weniger Gebildeten, sondern auch das Einkommen der weniger Gebildeten steigt dadurch an. Mit anderen Worten: Die ganze Gesellschaft profitiert davon, wenn sich Menschen weiterbilden.

Neulich beim Klassentreffen ist mir wieder bewusst geworden, wie unterschiedlich sich die Menschen entwickeln. Da gab es Mitschüler, die super Noten hatten und ein Riesenpotenzial, heute aber einfache Sekretärinnen oder Sachbearbeiter sind. Die leben immer noch in unserem alten Kaff in der Nähe von Mama, haben von der Welt noch nicht viel gesehen und haben bei der Ausbildung die Abkürzung genommen. Sie sind grau und langweilig, es klappt kaum, drei Minuten lang ein interessantes Gespräch mit ihnen zu führen. Hätte ich den Eindruck gewonnen, sie wären glücklich dabei ... völlig okay! Hatte ich aber nicht.

Und andere, die in der Schule nicht gerade zu den High Performern gehört haben, sind rausgegangen aus der Stadt und aus dem Land, haben unterschiedliche Sachen gelernt, studiert, Jobwechsel, noch mal was Neues gelernt. Diese Leute trifft man nach zwanzig Jahren wieder und denkt: Wow! Hammer! Was haben die sich weiterentwickelt! Wer hätte gedacht, dass so jemand aus denen wird!

Meinen Traumjob als Barkeeper missbrauche ich dafür, immer wieder Leuten zu helfen, einen besseren Mix im Leben zu finden.

Es ist verblüffend, wie sich Menschen verändern können, wenn sie wollen. Wenn sie ein Ziel haben, das für sie Sinn macht.

Meinen Traumjob als Barkeeper missbrauche ich dafür, immer wieder Leuten zu helfen, einen besseren Mix im Leben zu finden. Aber eben nicht immer. Molly habe ich vielleicht nicht geholfen. Aber ich habe mein Bestes gegeben. Ich würde mich freuen, wenn ich sie eines Tages wiedersehen würde. Und wenn mich nicht alles täuscht, wird ihr Chef demnächst eine Kündigung auf dem Tisch liegen haben und sich eine neue Abteilungsleiterin suchen müssen.

5 Painkiller

Status Luxus Macht

6 cl brauner Rum
3 cl Cream of Coconut
3 cl Orangensaft (Direktsaft)
12 cl Ananassaft
1 Prise Muskat

»Hallo, Meister! Ich bräuchte dringend einen Painkiller, ja?«

»Sollen Sie haben.«

Den Mann kenne ich. Erst neulich ist er in der Jangada Bar aufgetaucht. Hat ein paar Worte mit meinem in Hamburg verschollenen Gast Hängematte gewechselt und ist, ohne was zu bestellen, wieder abgerauscht. Offenbar hatte ihm an jenem Abend das Ambiente bei mir nicht so zugesagt.

»Na, ist meine Bar heute Ihr Lieblingsort?«, frage ich ihn.

»Lieblingsort? Bedaure, Freund. Aber im Kampf um den zweiten Platz ist deine Bar heute Abend bei mir ziemlich weit vorne.« Mein Gast verzieht keine Miene. Klassischer Anzug, perfekter Sitz, weißes Hemd, Krawatte, alles edel, teuer, konservativ. Britisch, denke ich.

»Hm. Spannend. Gute Gesprächseröffnung. Denn jetzt muss ich natürlich rauskriegen, welcher Ort auf Platz eins steht. Amüsant.« Ich hole den Pusser's Rum vom Bord, aus dem Kühlschrank den Ananassaft, die Coconut Cream und den Orangendirektsaft. Die vier Flaschen sehen nach Karibik aus.

»Na, da bin ich gespannt, Sherlock.«

»Karibik«, rate ich. Während ich Eis in den Shaker fülle.

»Na, das war nicht schwer. Genauer!« Keine Regung im Gesicht.

In den Shaker fülle ich einen Teil O-Saft, vier Teile Ananassaft und einen Teil Coconut. Letzteres schmeckt sehr stark nach Kokos, man darf nicht zu viel davon verwenden. Es ist ein Sirup, sehr süß, milchig-weiß, dickflüssig, aus Kokosmilch, Fruchtfleisch und Rohrzucker.

Mein Wettkampf-Gen springt an. Wer weiß besser Bescheid, er oder ich?

Zuckerrohr ist auch das Grundprodukt der wichtigsten Zutat dieses Cocktails – dem Rum. Zuckerrohrsaft wird abgekocht und eingedickt. Der Zucker kristallisiert und wird zu Rohrzucker, den man in einer Zentrifuge abtrennen kann. Der Rest, die Melasse, wird nicht etwa weggekippt. Sie kommt zusammen mit Wasser, Hefe und Gärungsbakterien in einen großen Behälter, wo alles zu Zuckerwein vergärt. Der wird destilliert und heraus kommt das Getränk, das die britische Navy bis in die 1970er Jahre ihren Seeleuten in täglichen Rationen ausgegeben hat.

Ich stelle die schöne Pusser's-Flasche mit dem blauen Etikett auf den Tresen und prüfe meinen Gast: »Zwei, drei oder vier?«

»Vier.« Pokerface. Über dem linken Auge hat er einen frisch verheilten Cut.

»Jungferninseln«, rate ich.

Er nickt. »Genauer!«

In den Shaker gebe ich vier Teile Rum. Der Mann kennt in der Tat ein wenig mehr als nur den Namen dieses leckeren Cocktails aus der Karibik. Den Painkiller gibt es als Nummer zwei, drei oder vier, je nachdem wie viel Teile Rum er enthalten soll. Mein Wettkampf-Gen springt an. Wer weiß besser Bescheid, er oder ich? Ohne mit der Wimper zu zucken, schaut er mich an. Ich komme mir vor wie bei der Pressekonferenz vor einem Boxkampf, wenn die beiden Kontrahenten versuchen, sich mit ihrer Selbstsicherheit in Grund und Boden zu starren. Ich schüttle den Mixer. Stelle ihn kopfüber auf die Arbeitsfläche. Kurz vor dem Handkantenschlag sage ich: »Jost van Dyke!«

Er nickt. »Genauer!«

Mein Gast verzieht noch immer keine Miene. Ich kann nicht anders, als zu grinsen. Hat der Typ eine Gesichtslähmung? Oder hat er jetzt das Spiel gewonnen, weil ich als Erster gegrinst habe?

Crushed Ice, Drink durch den Strainer ins Glas, frisch geriebene Muskatnuss drüber, Limonenscheibe dran, Strohhalm, fertig. Ich stelle ihm den Painkiller auf den Tresen, stütze beide Hände auf die Arbeitsfläche und starre zurück. »Wollen Sie allen Ernstes sagen, dass Sie diesen Drink bereits in der Soggy Dollar Bar getrunken haben, während Sie über die White Bay geschaut haben und im Hintergrund Rubin Chinnery zur 12-String-Gitarre gesungen hat?«

Mein Gast verzieht noch immer keine Miene.

Mein Gast nickt, nimmt das Glas und trinkt einen Schluck durch den Strohhalm. Seine Fingerknöchel sind geschwollen. Am Ringfinger ein großer Siegelring mit Wappen. »Exakt.«

Ich staune.

»Und ich bin nicht mit dem Schlauchboot zum Strand übergesetzt, als ich vor Jost van Dyke geankert habe«, sagt er. Die nächste linke Gerade.

Ich pariere. Und sende einen Punch zurück: »Und dann haben Sie die triefend nassen Dollars aus der Seglerhose gezogen, haben sie meinem Kollegen Mickey auf den Tresen gelegt und einen Painkiller bestellt.«

Er nickt. Das Gesicht eine Maske.

»War das, bevor die Straße von Great Harbour zur White Bay gebaut wurde?«, will ich wissen.

»Ja. Und am Abend haben wir angeschickert um die Kerosinlampen gesessen und uns Seemannsgarn erzählt, während im Hintergrund der Dieselgenerator lief, um die Kühlschränke mit Strom zu versorgen ... Ich war da. Du auch?«

Der intensive Kokosduft des Drinks bringt Erinnerungen zurück an karibische Nächte.

Ich nicke. Wir schauen uns an, völlig in unsere Gedanken verloren, mit Bildern von einem der schönsten Orte der Welt im Kopf.

Jost van Dyke, die ehemalige Pirateninsel, Teil der British Virgin Islands, war in den 1970ern so etwas wie das Ibiza der Karibik. In der Soggy Dollar Bar wurde damals der Painkiller erfunden. Und dieser Gast hier ist in meine Bar gekommen, um die Gefühle und Gedanken von damals wieder heraufzubeschwören. Der intensive Kokosduft des Drinks bringt Erinnerungen zurück an karibische Nächte, heißen Sand, die Milchstraße am Himmel, Wellenrauschen, nackte Haut ...

»Dein Painkiller ist herausragend.«

»Danke.«

Im Laufe des Abends

bleiben wir im Gespräch. Ich spreche ihn auf das Boxen an. Ein ungewöhnlicher Sport für einen erfolgreichen Geschäftsmann. Er ist im Vorstand eines mittelständischen Automobilzulieferers, der für die führenden Luxus-Autobauer der Welt unter anderem Teile der Innenausstattung produziert: Armaturenbretter, Schaltknäufe, Lenkräder. Alles, was man anfassen kann, wenn man im Auto sitzt. In diesem Segment ist seine Firma Weltmarktführer. 500 Millionen Umsatz. Die kleinen, feinen Werke sind auf der ganzen Welt verteilt. So wie er das tonlos runterrattert, scheint er aber nicht von Stolz und Leidenschaft seiner Firma gegenüber erfüllt zu sein. Während er erzählt, zieht er seine Breitling Emergency Titan aus und lässt sie in der Außentasche seines Sakkos verschwinden.

»Das Boxen ist mein Ausgleich. Ich bin erst vor einigen Jahren draufgekommen. Früher war ich im Scheißfitnessstudio bei den Lackaffen und den Botox-Tussen. Boxen ist ehrlich.« Er nimmt noch einen Schluck von seinem Painkiller. »Echtes Boxen meine ich. Nicht dieses Schicki-Micki-Henri-Maske-Gestreichel fürs Fernsehen.«

»Ungewöhnlich. Kein Upperclass-Sport. Da treffen Sie im Ring eher auf Leute aus anderen Schichten, oder?«

»Genau. Russen, die zuschlagen, wenn du in der Disko ihrer Freundin auf den Arsch glotzt. Türken, die eine Ladung Drogen ausliefern, bevor sie ins Training kommen. Deutsche, die in ihrer Kindheit mehr Pflegefamilien als Schulklassen kennengelernt haben. Nicht so eine feine Gesellschaft wie hier.« Er nickt in den Raum, der heute halb gefüllt ist.

Das Boxen ist mein Ausgleich. Boxen ist ehrlich.

»Tagsüber machen Sie die großen Deals mit den Managern von Bentley, Jaguar und Lexus und abends lassen Sie sich was auf die Fresse geben?« Ich versuche immer noch rauszukriegen, was für ein Typ er ist.

»Tagsüber verkaufe ich dem Papst ein Doppelbett und abends gebe ich den Schlägertypen eins auf die Fresse. Genau. Das ist eigentlich den ganzen Tag dasselbe: reinhauen. Umhauen. Abhauen. Ich boxe mich durch. Und ich bleibe auf den Beinen.«

Tagsüber verkaufe ich dem Papst ein Doppelbett und abends gebe ich den Schlägertypen eins auf die Fresse.

Also, wenn einer so eine dicke Lippe riskiert, werde ich natürlich skeptisch. Ob ich rauskriege, welcher weiche Kern unter dieser rauen Schale steckt? Die Karibikgeschichte ist doch eigentlich sehr romantisch. Sein Drink ein ziemlich süß schmeckender Cocktail mit Kokos, Orange und Ananas, nicht gerade ein eisenharter Männerdrink ... Painkiller ... welcher Schmerz muss da so aggressiv überdeckt werden?

Der Typ hat eine total eingefrorene Mimik. Ganz offensichtlich versucht er mit aller Macht, seine Emotionen unter Kontrolle zu behalten. Das Thema des Abends ist Selbstkontrolle. Wie kann ich ihn aus der Reserve locken?

»Und? Wie läuft das Business so?«

»Tss. Nächste Frage«, knurrt er mit tiefer Stimme.

»Wieso?«, hake ich nach. »Schlechtes Thema?«

Das Thema des Abends ist Selbstkontrolle.

Er sagt nichts, dreht sein Glas einmal um die Achse. Er neigt den Kopf zur Seite und dehnt den Hals, bis es knackt und ein Wirbel einrastet.

»Vor wichtigen Telefonaten ziehe ich mir das hier rein. Das hilft.« Er zieht sein iPhone aus der Innentasche seines Sakkos, klappt das schwarze Kroko-Futteral auf und tippt auf dem Display herum. Dann zeigt er mir das Teil und stellt den Ton lauter: Das Trainigsvideo aus Rocky I – Sylvester Stallone im verschwitzten grauen Jogging-Anzug, wie er euphorisch durch die Stadt und an der Hafenmauer entlang rennt, einarmige Liegestütze unter den Augen seines weißhaarigen Trainers macht, Schweinehälften verprügelt, die Treppe zum Philadelphia Museum of Art hinaufspurtet und oben jubelnd seinen kommenden Sieg imaginiert. Dazu die Fanfarenklänge des Rocky-Songs »Gonna fly now« von Bill Conti. Ich muss zugeben, dass mich das packt. Ich schaue das ganze Video an, knapp drei Minuten.

»Wow. Gänsehaut.« Ich gebe ihm das iPhone zurück. Er steckt es wieder ein und sagt nichts.

Ich gehe zu den Ledersofas und widme mich meinen anderen Gästen. Mit fünf Drinks im Kopf komme ich zum Tresen zurück und mache mich ans Werk.

Rocky. Eigentlich nichts weiter als der gute alte American Dream. Aber verdammt gut gemacht. Die Szene am Schluss des Trainingsvideos enthält schon alles. Stufe für Stufe geht es von ganz unten hinauf bis ganz nach oben, und am Ende hat er es geschafft, er steht oben, reißt die Arme hoch und schaut über die Stadt, on top of the world. Aber dieser Rocky hier an meinem Tresen, der ist doch schon ganz oben. Topmanager, Topfirma, Topgehalt. Weiter rauf geht es doch kaum. Von was träumt der?

Und dann muss ich an den Schluss des Films denken. Rocky schafft die 15 Runden, ob er gewonnen oder verloren hat, ist ihm egal, er steht inmitten des Trubels im Ring und schreit verzweifelt nach seiner großen Liebe: »ADRIAAAN!«

Topmanager, Topfirma, Topgehalt. Weiter rauf geht es doch kaum. Von was träumt der?

»Sie waren nicht allein in der Karibik segeln, stimmt's?«, frage ich den harten Hund am Tresen. Er schaut ruckartig hoch.

»Was? Äh, nein. Ich war nicht allein. Wieso?«

»Aber heute sind Sie allein in meiner Bar.«

Er schaut mich mit seinem versteinerten Gesicht an. »Noch einen Painkiller, bitte.«

»Aye, Sir«, seufze ich und greife mir den Pusser's.

Jedes Mal wenn

ich Rocky auf ein sensibles Thema anspreche, weicht er mir aus. Ich treffe ihn nicht, er ist außerhalb meiner Reichweite. Aber er bleibt eisern sitzen und unterhält sich mit mir. Das geht schon seit zwei Stunden so. Worauf wartet er? Warum verlässt er nicht den Ring? Ich werde aus diesem Typen wirklich nicht schlau. Und läute die nächste Runde ein.

»Ich habe in der FTD die neuesten Zahlen der Autobranche gesehen. Das sieht ja düster aus. Und die Premiumhersteller kommen auch nicht ungeschoren davon. Das geht sicher nicht spurlos an Ihrer Firma vorüber, oder?« Einen Versuch ist es wert.

Umsatzeinbruch. 35 Prozent weniger dieses Jahr.

»35 Prozent.«

»Tschuldigung?«

»Umsatzeinbruch. Umsatz ist meine Baustelle. Ich bin Vertriebsvorstand. 35 Prozent weniger dieses Jahr.«

Während ich den Painkiller ins Highball-Glas schütte, suppt mir mal wieder ein Schwall daneben. »Mist!«

»Schlechte Arbeit«, stößt er zwischen den Zähnen hervor.

»Was? Oh. Ich mache Ihnen gerne einen neuen.« Ich bin in der Defensive und nehme die Deckung hoch.

»Nein, Mann, gib ihn rüber. Ich meine unsere Firma. Schlechte Arbeit. Der Markt läuft zäh. Aber 35 Prozent ist zu viel. Das kotzt mich an.« Er nimmt einen Schluck und streicht sich mit der Hand über das kurzstoppelige Kinn.

Und, wie geht es Ihnen damit? Wackelt Ihr Laden?

Wieder eine Spur. »Und, wie geht es Ihnen damit? Wackelt Ihr Laden?«

Er nickt. »Ja, der wackelt. Ganz gewaltig sogar. Der VV wird fliegen, schätze ich. Aber das bleibt unter uns!«

»Der VV? Ach, der Vorstandsvorsitzende. Hoppla, und dann sind Sie dran, dann rücken Sie ganz nach oben, oder?«

Er schnaubt. »Machst du Witze? Mit 35 Prozent Minus auf dem Buckel wird man mich zum Boss machen, oder was? Ich muss froh sein, wenn ich die Runde überstehe.«

»Und wenn der Neue kommt, ist erst mal alles ungewiss. Haben Sie Bammel davor?«, mutmaße ich weiter drauflos.

Rocky kratzt sich hinterm Ohr, lockert seine Krawatte und dreht sich halb auf seinem Hocker um. Er schaut durch den Raum aus dem Fenster auf die dunkle Straße. Es regnet. Die Lichter der Straße spiegeln sich auf dem nassen Asphalt. Er antwortet einfach nicht.

Dieser hier hat die Gefühle tief in sich weggesperrt.

Das ist schon ein harter Brocken. Immer wenn es an die Emotionen geht, blockt er ab. Das scheint bei ihm Gewohnheitssache zu sein. Mit Gefühlen kann er nichts anfangen. Zumindest nicht drüber reden. Ich habe in meiner Cocktailbar sehr oft Gespräche über Gefühle. Auch mit Männern. Die Eisenmänner vom alten Schlage, die nur die rationale Seite der Welt kennen, sind heute eigentlich selten geworden. Aber dieser hier hat die Gefühle in Gefangenschaft genommen und tief in sich weggesperrt. Nach außen kommt keine Regung durch, denn das könnte ihm ja außer Kontrolle geraten. Gefühle sind gefährlich.

Sein Grundthema ist Kampf. Nach außen hin kämpft er gegen wilde Drachen – bzw. gegen die dolchzahnigen Gegner am anderen Ende des Verhandlungstisches. Er reist kämpfend in der Welt herum, seine Abenteuer führen ihn in die Straßenschluchten der Weltmetropolen, sein Reiseross ist die Lufthansa, seine Rüstung der maßgeschneiderte Anzug aus London. Im Innern tobt sein Kampf gegen die Übermacht der Emotionen im Verborgenen.

Der Fachbegriff für diese Gefühlslähmung oder Gefühlsblindheit heißt Alexithymie. Meistens sind es Männer, sie können ihre Gefühle weder wahrnehmen noch artikulieren. Sie wirken auf ihr Gegenüber verkopft oder abgebrüht, auf jeden Fall verschlossen. Dabei tobt unter der coolen Oberfläche oft ein heißer Krieg. Sie bemerken durchaus, dass ihre Beziehungen zu anderen Menschen nicht gut laufen, und leiden darunter – was man ihnen nicht ansieht. Häufig leiden die Gefühlskalten an psychosomatischen Symptomen: Magenschmerzen, Bluthochdruck, Herzrasen, Kopfschmerzen.

> Wenn Männer in einer frauendominierten Welt aufwachsen, dann fehlt ab dem vierten Lebensjahr die Gelegenheit zu eine sinnvollen Geschlechteridentifikation.

Das Phänomen wird auch von der Hirnforschung bestätigt: Unsere Emotionen entstehen in einem der stammesgeschichtlich ältesten Gehirnareale, im limbischen System. Um Gefühle empfinden und beschreiben zu können, müssen die vom limbischen System ausgesendeten Gefühle jedoch erst mal vom Großhirn, speziell vom Frontalcortex direkt hinter der Stirn empfangen und ausgewertet werden. Bei Alexithymikern ist die Kommunikation zwischen den beiden Hirnarealen nur schwach ausgeprägt. Entweder reagiert der Frontalcortex auf die emotionalen Signale viel zu schwach – oder überschießend heftig. Wie so oft in der Hirnforschung ist das keine Aussage zu Ursache und Wirkung – die Frage, ob die Gefühlskälte ihre Ursache im Gehirn hat oder ob umgekehrt die gestörte Kommunikation zwischen den Hirnarealen ihre Ursache in der Gefühlskälte hat, lässt sich so nicht beantworten. Fest steht jedoch für viele Forscher, dass die frühkindliche Beziehung zu den Eltern eine große Rolle dabei spielt, ob die Kinder später im Leben mit ihren eigenen Gefühlen umgehen können oder nicht.

Wenn Männer in einer frauendominierten Welt aufwachsen – was heute eher der Normalfall ist –, dann fehlt ungefähr ab dem vierten Lebensjahr die Gelegenheit zu einer sinnvollen Geschlechteridentifikation. Der Vater arbeitet oder ist, wenn er überarbeitet und erschöpft zu Hause vor dem Fernseher sitzt, emotional abwesend.

Mein Vater war immer da, ist viel mit mir zum Sport gegangen. Er würde auch heute noch alles für mich tun. Insofern kann ich mich glücklich schätzen. Trotzdem war da ein Problem: Es gab nie körperliche Zuwendung, kein Körperkontakt, keine Berührung. Und er war immer am Zweifeln, immer besorgt, immer negativ: Ihr spielt gegen den und den? Oh, oh, das wird schwierig. Hätte er mir nur mal was zugetraut! Was ich mir sehnlichst von ihm gewünscht hätte: einfach einmal in den Arm genommen zu werden. Dazu war er nicht fähig. Aber das ist kein Wunder und nur zu verständlich. Er selbst hat seinen eigenen Vater das letzte Mal gesehen, als er acht war. Natürlich waren das die Kriegszeiten, die heute so weit weg scheinen, dass wir sie uns nicht mehr vorstellen können und nicht mehr verstehen, was sie für jeden Einzelnen bedeutet haben. Sein Vater, mein Opa, war in Kriegsgefangenschaft bei den Russen. Sie haben ihn verhungern lassen. Zu Hause hat mein Vater dann alte Leute gepflegt, seine Mutter war depressiv. Was für eine Trauer!

Im Rahmen eines Persönlichkeitstrainings war einmal meine Aufgabe: Schreibe einen Brief an deinen schwierigeren Elternteil. Ich habe ihn an meinen Vater geschrieben. Da stand alles drin: meine Gefühle ihm gegenüber, meine Sehnsüchte, die er mir nicht erfüllen konnte, meine Trauer über seine Trauer, alles. Und ich habe ihn tatsächlich abgeschickt. Stellen Sie sich vor: Ein Mann, der sein ganzes Leben alle Emotionen immer weggepackt hat, um sich irgendwie unter Kontrolle zu behalten, bekommt so einen hoch emotionalen Brief von seinem Sohn. Ich war gespannt, was das wohl auslösen mochte. Und was kam zurück? Nichts. Keine Reaktion. Ich habe dann angerufen. Und, wie läuft's? Gut. Und bei euch? Bestens. Na, dann. Warte, ich geb dir Mama. Tschüss. Ich konnte es nicht fassen. Aber kurz bevor er den Hörer an meine Mutter weitergab, sagte er noch: »Für den Brief wollte ich mich noch bedanken.« – Er war also zumindest angekommen.

Schreibe einen Brief an deinen schwierigeren Elternteil.

Als mein Vater dann außer Hörweite war, erzählte mir meine Mutter aufgeregt: »Du glaubst ja nicht, wie oft er den Brief gelesen hat. Und kopiert hat er ihn, x-mal. Allen hat er ihn gezeigt. Er ist so gerührt. Und andauernd hat er daraus vorgelesen. Er ist so stolz auf dich und er hat sich so gefreut!«

Außer dem kurzen Dank hat er nie wieder mit mir über den Brief gesprochen. Damit habe ich heute meinen Frieden. Ich bin nicht mehr abhängig davon, dass mein Vater mir seine Gefühle zeigt oder darüber mit mir redet. Und seine Bürde ist seine Würde. Wie hätte er als Junge auch anders groß werden können?

Alles, was Mädchen und Frauen verkörpern, wird abgelehnt.

Heute ist das anders. Aber eigentlich auch nicht so viel anders. Um die kleinen Jungs herum bemühen sich Mütter, weibliche Verwandte, Babysitterinnen, Kindergärtnerinnen, Kindermädchen, Grundschullehrerinnen um deren Wohlergehen. Selbst im Fußballverein leitet in der F- und E-Jugend eine Spielermutter das Training. Was der Bub nicht durch Beobachtung und persönliche Auseinandersetzung von vorbildhaften Männern lernen kann, muss er sich auf anderem Wege zurechtlegen. Klar ist, was er nicht ist: Ein Mädchen ist er nicht. Eine Frau wird er nicht sein. Alles, was Mädchen und Frauen verkörpern, wird abgelehnt – auf der verzweifelten Suche nach männlicher Identität.

Derjenige, der nicht mit Puppen spielt, das bin ich! Derjenige, der nicht rumflennt, das bin ich! Derjenige, der nicht ohnmächtig ist, der nicht über Schmerz jammert, der nicht traurig ist, dem nicht der Gaul durchgeht, das bin ich. Wenn ich Mann sein will, muss ich mich im Griff haben, meine Gefühlsausbrüche kontrollieren, cool bleiben. Wir Männer, wir sind die Harten, die Kumpels. Wir sind hart gegen andere und hart gegen uns selbst – das ist das Ergebnis.

Wir Männer, wir sind die Harten, die Kumpels.

Mit dieser Umwegidentifikation wird Mann sicher keine Frau. Mission erfüllt! Aber auch nicht richtig Mann. Jedenfalls nicht mit vollem Selbstvertrauen. Gefühle lösen bei ihm Angst aus. Ganz besonders in den Bereichen des Lebens, in denen sich die Grenzen zwischen den Geschlechtern verwischen. Solche »ganzen Kerle« haben zum Beispiel oft Angst vor Homosexualität, was sich in Schwulenfeindlichkeit bis hin zum Schwulenhass ausdrückt. Wenn es um »Weicheierthemen« geht, wird es für sie unbehaglich, dann suchen sie das Heil in Abwehrreaktionen. Souverän ist das nicht.

Aber Frauen wollen souveräne Männer. Laut einer Studie sagen 41 Prozent der Frauen, die sich getrennt haben: Mein Mann hatte kein Interesse an meinen Problemen. Woraus sie das schließen? Er wollte nie darüber reden.

»Okay, ich habe kapiert.

Die Zahlen sind schlecht. Dann stehen Sie gerade in der Ecke, halten die Fäuste vors Gesicht und warten auf den Gong. Was sagt denn Ihre Frau dazu?«, frage ich ihn.

»Was hat die damit zu tun?«

Ich schaue ihn genau an. Ich glaube, seine Unterlider haben sich leicht hochgezogen und seine Augen schmaler gemacht. Angst. Weiter.

»Na, ich meine, der kann es ja nicht egal sein, wie es Ihnen geht, oder?«

Stille. Er spielt mit seinem Siegelring. Wo ist die Lücke in der Deckung? Ich fülle den Kühlschrank auf und leere die Spülmaschine. Vielleicht erzähle ich ihm mal etwas.

»Ich habe neulich einen ziemlichen Tiefschlag eingesteckt«, beginne ich. »Beruflich meine ich. Also, ich hatte keinen Umsatzeinbruch von 35 Prozent oder so, aber ich habe ein ganzes Geschäftsfeld sausen lassen müssen. Das war hart für mich. Es hat sich nämlich wie eine Niederlage angefühlt. Und darüber reden wollte ich zu Hause nicht.«

Nachdem ich ihm den Köder hingeworfen habe, mache ich noch mal eine Runde durch den Gastraum und räume leere Gläser weg. Als ich wieder hinter den Tresen komme, kaut er tatsächlich auf dem Wurm rum, der sich noch am Haken windet.

> Wo ist die Lücke in der Deckung?

»Und?«, blafft er.

»Was und?«

»Na, der Tiefschlag?«

»Ach, das interessiert Sie? Ja, das war so: Also diese Bar hier ist ja eigentlich nur mein Hobby. Tagsüber halte ich Vorträge und mache Trainings in Firmen. Bei Ihnen im Haus war ich übrigens vor Jahren auch schon mal. Die dritte Säule war bis vor kurzem das Coaching – ich habe Führungskräfte einzeln gecoacht.«

»Ach, so einer bist du ...«, raunzt er dazwischen.

Ich muss lachen. »So einer, ja genau.« Im Hintergrund sehe ich, wie die Tür aufgeht und eine extrem attraktive Enddreißigerin Marke Sandra Bullock zwei Schritte in die Bar hineinläuft und sich umschaut. Sie schaut zum Tresen herüber und zögert zwei Sekunden. Dann dreht sie sich um und geht. »Schade«, sage ich.

»Was?«

»Ach, nichts. Ich meine, also das Coaching lief zuerst eigentlich ziemlich gut ...«

»Du lieber Himmel«, unterbricht er mich, »kannst du denn nicht geradeaus reden? Rhetorik trainierst du hoffentlich nicht. Schade-ach-nichts-ich meine-also-eigentlich-ziemlich. Mann, wenn du so bei mir dein Coaching verkaufen wolltest, wärst du schon rausgeflogen, bevor du das zweite Mal Luft geholt hast. Konzentrier dich halt mal, so dass man zuhören kann.«

Uff. Der ist anstrengend. Aber er hat ja nicht unrecht. Ich lege mein Handtuch, mit dem ich rumgewischt habe, weg und setze mich mit dem halben Hintern auf die Arbeitsfläche. »Ich werde kein Coaching mehr verkaufen. Das war zu frustrierend. Ich hatte den Anspruch an mich selber, jeder verlorenen Seele, die zu mir kam, innerhalb von zwei, drei Stunden den Arsch zu retten. Das geht aber gar nicht. Das war wieder dieses Leistung-Liebe-Muster. Ich war so gepolt, dass ich Erfolgserlebnisse suchte, aus denen ich meine Anerkennung ziehen konnte. Habe ich jetzt immerhin erkannt.«

»Hm.«

»Dabei ging es bei den Coachings gar nicht um mich. Sondern um meine Klienten. Ich sollte gar nichts. Meine Klienten sollten. Die Verantwortung lag bei ihnen. Aber obwohl mir das hinter der Stirn völlig klar war: Ich bin immer wieder reingerutscht und habe den Zampano markiert.«

»Und?«

»Letztlich gab es nur zwei Fraktionen: Die einen kamen nach zwei, drei Sitzungen einfach nicht wieder, die anderen habe ich bei aller Mühe nicht geknackt, an denen habe ich mir die Zähne ausgebissen. Die kamen nur deshalb wieder, weil sie sich bei mir bequemerweise nicht ändern mussten – ich habe mir einen abgestrampelt und die blieben stehen, wo sie waren. Ich war einfach nicht dafür gemacht. Falsch konditioniert. Ich habe das Coaching sein lassen und konzentriere mich jetzt auf die Vorträge. Da passt es.« Ich steh wieder auf, gehe zum Laptop und klicke die Musik lauter, weil der Gastraum sich weiter füllt und der Stimmenpegel anschwillt. »Aber obwohl mein Kopf sagt, dass die Entscheidung genau die richtige war, hängt mir das nach. Fühlt sich an wie eine Niederlage. Ich habe das einfach nicht hingekriegt. Ich habe keinen Weg gefunden, mich von dem Anspruch zu lösen. Und das nervt mich gewaltig.« Ich peile ihn an und forsche in seinem Gesicht.

Ich war so gepolt, dass ich Erfolgserlebnisse suchte, aus denen ich meine Anerkennung ziehen konnte.

Er schaut auf seine Handfläche, prüft seine manikürten Fingernägel, blickt hoch und sagt: »Und deshalb therapierst du deine Gäste hier in der Bar. Als risikolose Gratisleistung sozusagen. Richtig? Schönes Kompensationsmuster!«

Ich erstarre. In der Kreuzbeingegend wird es mir plötzlich ganz flau. Ich brauche frische Luft. »Kleinen Moment«, presse ich hervor, nehme mir alibimäßig den Korb mit den leeren Flaschen, gehe an der Kaffeemaschine vorbei zur schmalen Klapptür, drücke sie mit der Schulter auf und gehe nach hinten. Noch eine Tür, dann stehe ich im Hinterhof. Und hole tief Luft. Es nieselt. Meine Knie zittern. Scheiße. Das Eis ist dünn, heute.

Nach einer Minute

habe ich mich wieder im Griff. Ich gehe wieder rein und kümmere mich um die neuen Gäste. Rocky sitzt da wie versteinert.

Ich baue vier Shooter und einen Cappuccino. Rocky räuspert sich in meinem Rücken und sagt: »Ich habe einen Freund, der ist ganz ähnlich drauf wie du.«

»So?«, sage ich, ohne mich umzudrehen.

»Ja, der lebt ein cooles Leben. Hat sich die Welt so eingerichtet, wie es ihm gefällt. Ziemliches Jet-Set-Leben, weißte. Big Business. Macht das, worin er gut ist. Das andere lässt er weg. Hat's gut im Griff.«

Ich drehe mich um zur Arbeitsfläche und fülle eine Schale mit Chips. »Mhm?«

»Er hat auch eine sehr coole Frau. Nicht verheiratet. Aber für ihn ist sie seine Frau. Beraterin. Bei einem der Big Five. Ganz groß bei den fetten Firmen weltweit in der Chefetage unterwegs. Verdammt scharfes Teil. Promoviert. Und vom Erfolg verwöhnt ohne Ende.« Er schaut vor sich ins Leere, während er erzählt, seine Unterarme liegen links und rechts neben dem Drink auf dem Tresen.

> Verdammt scharfes Teil. Promoviert. Und vom Erfolg verwöhnt ohne Ende.

»Dann sehen sich die beiden nicht oft«, ergänze ich. »Moment, bitte.« Ich bringe die Drinks, den Kaffee und die Chips weg. Jetzt wird's spannend. Er fängt an zu erzählen.

Als ich zurück bin, redet er weiter. »Ja, sie sehen sich nicht oft. Haben es im Kalender, als Termin. Manchmal treffen sie sich in New York. Oder auch hier in der Stadt. Haben hier ein Appartement. Und manchmal haben sie eine Woche Urlaub zusammen.«

»Kann doch ganz gut funktionieren, schätze ich«, werfe ich ein, »die beiden leben schließlich in der gleichen Welt. Sich selten zu sehen ist da wohl Teil des Deals.«

»Ja. Und Vertrauenssache.« Er nimmt einen Schluck vom Painkiller.

»Und sie vertrauen sich?«

»Ja. Sie vertrauen sich. Das funktioniert.« Er schaut mir in die Augen. Die Strahlkraft im Blick ist plötzlich weg. Sein regloses Gesicht hat etwas Steifes. Seine Augen sind schmale Schlitze, wie leicht zusammengekniffen. Er fährt fort: »Aber neulich kam er zu mir, wir sind zusammen einen trinken gegangen und er hat mir erzählt, wie es hinter den Kulissen aussieht. Er hat Angst.«

»Angst? Wovor denn?«

Aber das Persönlichkeits-Optimierungs-Gesülze hilft ihm nicht.

»Genau. Er hat keine Ahnung, wovor eigentlich. Das ist es ja. Wir haben versucht, das herauszufinden. Ihm geht's einfach nicht gut. Deshalb macht er auch so ein Coaching. Darum komme ich ja drauf, weil du gerade von deinem Coaching-Desaster erzählt hast. Aber das Persönlichkeits-Optimierungs-Gesülze hilft ihm nicht.«

»Noch so eine Coach-Pfeife, was?«, sage ich lachend.

Aber er lacht nicht mit. Wirft mir nur einen kurzen Blick zu. Und erzählt weiter: »Ich schätze, er hat Angst davor, seine Leistungsfähigkeit zu verlieren. Das ist beinahe so eine Art Hase-und-Igel-Scheiß. Sie ist verdammt erfolgreich. Er meint, er muss es auch sein.«

»Weil er glaubt, er sei nur dann für sie interessant, wenn er Leistung bringt.« Ich glaube, ich verstehe.

»Richtig. Wenn er einen Super-Deal in Tokio macht und ihr am Handy davon erzählt, unterbricht sie ihn und erzählt ihm von ihrem Super-Deal in Boston. Und er hat ständig das Gefühl, nicht gut genug zu sein.«

»Das ist ja mal richtig schlecht.« Am liebsten würde ich mich jetzt intensiver mit ihm unterhalten, aber ich habe ordentlich zu tun. Als ich wieder eine Minute Luft habe, sage ich: »Und jetzt läuft es gerade bei ihm im Geschäft nicht rosig, stimmt's? Krise und so. Und er hat Angst, dass sie ihm davonläuft, schätze ich.«

»Exakt.«

»Und hat er mit seiner Perle schon mal darüber gesprochen?« – Das wäre das Natürlichste von der Welt. In einer guten Beziehung redet man über Gefühle. Dazu muss man sich aber ein bisschen bei sich selbst im Innern auskennen.

Selbstkontrolle ist nicht die Fähigkeit, Gefühle wegzudrücken.

Selbstkontrolle ist nicht die Fähigkeit, Gefühle wegzudrücken. Sondern die Fähigkeit zum konstruktiven Umgang mit Gefühlen, guten wie schlechten. Eine Beziehung kann auf Dauer nur funktionieren, wenn beide Partner erkennen, was sie selbst für Wünsche, Bedürfnisse, Emotionen haben. Selbst dann, wenn die Wünsche oder Bedürfnisse momentan nicht erfüllbar sind oder die negativen Emotionen nicht kurzerhand wegzuzaubern sind. Trauer kann man nicht abschalten. Angst hat einen Grund.

Zuerst sollte man sich die Ängste genau anschauen. Um herauszufinden, wovor man Angst hat, muss man sich der Angst stellen: Was ist das Worst-Case-Szenario? Was wäre im Moment das Schlimmste, was passieren könnte? Den Job verlieren? Beziehungsabbruch? Pleitegehen? Was ist es, was im Untergrund lauert und lähmt? Angst vor Hilflosigkeit? Ohnmacht? Schwäche? Allein sein? Angst vor der übermächtigen Frau? Angst, vom männlichen Gegner vernichtet zu werden? Kastrationsangst? Oder Angst vor dem Erfolg und seinen Folgen für die wichtigsten Beziehungen? Man findet es nur heraus, wenn man sich die schlimmsten Befürchtungen ausmalt, anstatt sie wegzudrücken.

»Nein, sie sprechen nicht über so eine Gefühlssoße. Da haben sie beide keinen Bock drauf«, antwortet er düster.

»Moment, aber mit Ihnen hat er doch darüber gesprochen, oder?« Ich versuche, ihn irgendwie in die Ringecke zu bugsieren und zu stellen.

»Das ist was anderes.«

»So?«

»Mit ihr kann man auch gar nicht über so was reden. Stell sie dir so vor: Sie sieht super aus, war früher mal Model. Wirklich wahr. Hat sich so die Uni finanziert. Kommt aus der Schickeria, total gebildet und intelligent. Aber auch ein ziemlicher Kühlschrank. Total kontrolliert, nicht herzlich.«

Er streicht mit dem Finger über den Glasrand. »Ist schon gut im Bett, weiß genau, was sie tun muss, damit es dem Mann die Sicherungen raushaut. Aber lässt sich selber nie gehen. Und die Kleenex-Packung ist immer in Griffweite, weißte.«

»Ah, okay. Igitt aber auch!«

»Na, jedenfalls mache ich mir Sorgen um meinen Freund. Dem geht's echt scheiße. Und er weiß nicht, was er machen soll.« Seine Stimme ist leise, als er das sagt.

Ein ziemlicher Kühlschrank. Total kontrolliert, nicht herzlich.

Was erzählt der mir hier eigentlich für eine krude Geschichte? Irgendwie kann ich mir diesen Rocky überhaupt nicht vorstellen, wie er mit seinem Kumpel einen trinken geht und über Ängste redet. Diese Mann-Männer machen so was nicht. Anders als Freundinnen, die Face-to-Face miteinander kommunizieren, sind Typen eher so drauf, dass sie miteinander etwas unternehmen, Side-by-Side. Die gehen zusammen ins Stadion oder gehen zusammen tauchen oder auf die Skihütte oder Karten spielen. Aber da reden sie nicht über Probleme, sondern haben Spaß miteinander und konzentrieren sich auf die Sache, die sie gerade unternehmen. Wenn ihre Frau oder Freundin hinterher fragt: »Und, über was habt ihr geredet?«, dann zucken sie mit den Achseln. »Keine Ahnung. Aber wir haben uns gut verstanden.«

Ich versuche es mit einem Aufwärtshaken: »Und was ist, wenn Ihr Freund mit seiner Angebeteten mal länger zusammen ist, wenn sie zum Beispiel zusammen in der Karibik segeln gehen?«

»Nichts«, sagt er. Langt in seine Sakko-Tasche, holt die Breitling raus, wirft einen kurzen Blick darauf und steckt sie wieder weg. »Mach mir noch einen, ja?«

»Wie stark ist der Schmerz? Wieder vier?«

»Ja, vier.«

Ich mixe.

Diejenigen Typen, die vor lauter Angst vor ihren eigenen Gefühlen die Maske aufsetzen, so wie Rocky Painkiller hier, haben gleichzeitig große Sehnsucht nach starken Gefühlen. Deshalb sind sie fasziniert von den Frauen. Und haben gleichzeitig Angst vor ihnen. Eigentlich ist ihr Leben nur eine halbe Sache, innen fühlen sie sich nie komplett.

Um ihren Selbstwert zu heben, schlagen sie verschiedene Kompensationswege ein. Luxus ist eine Möglichkeit. In den Augen der anderen bin ich dann ein toller Hecht. Solange ich von außen zurückgespiegelt bekomme, dass ich etwas Besonderes bin, spüre ich mich zumindest indirekt. Der beste Golfer der Welt spürt während der großen Turniere, dass er existiert. Dort bekommt er hundertmal am Tag zurückgemeldet, wie toll er ist. Das tut gut: Ich lebe! Zwischendurch, wenn kein Publikum und keine Konkurrenz für seine Existenz sorgt, gähnt die große Leere. Da braucht es dann eine Frau nach der anderen in immer heftigeren Sex-Szenarien. Nach außen der coolste, kontrollierteste Sportler, der immer die Nerven behält. In Wahrheit ein Ertrinkender, der in seiner Sexsucht untergeht, der sich um Kopf und Kragen vögelt, sein Leben im Inneren so wenig unter Kontrolle hat, dass er sich selbst womöglich alles zerstört und alles verliert. Die ersten Sponsoren springen ab, seine Frau ist dabei,

Deshalb sind sie fasziniert von den Frauen. Und haben gleichzeitig Angst vor ihnen.

abzuspringen – das Leben des Tigers steht auf Messers Schneide. Dabei steckt hinter all der Sucht eine große Sehnsucht.

Die größte Sehnsucht: nicht mehr alles unter Kontrolle haben zu müssen.

Die größte Sehnsucht: nicht mehr alles unter Kontrolle haben zu müssen. Sich endlich fallen lassen können. Spüren, fühlen, wohltuender Kontrollverlust. Kein Verstellen, keine Maske mehr – so geliebt werden, wie man ist, ob Männlein, ob Weiblein, ob stark oder schwach, gut oder schlecht, nur aus sich selbst heraus leben. Aber was, wenn sie sich fallen lassen, und niemand fängt sie auf?

Stattdessen versuchen sie, ihren Mann zu stehen, bis sie nach einem durchgekämpften Leben flach in der Kiste liegen werden. Wenn sie nach dem Sex die postkoitale Frage stellen: Wie war ich?, dann haben sie keine Idee, wie es war und auf was es dabei überhaupt ankommt. Luxus ist, Zeit zu haben. Sich selber etwas Gutes zu tun. Sich selbst in den Arm zu nehmen, sozusagen. Für sich sorgen zu können. Luxus ist alles, was erstrebenswert und sehr selten ist. Die Knappheit macht es aus. Wer im Altenwohnheim morgens Gymnastik macht, genießt den Luxus, sich noch so bewegen zu können. Und was ist Luxus für Rocky? Ein Ticket bei Richard Bransons Virgin Galactic für einen Raumflug gebucht zu haben? Vielleicht. Auf den Virgin Islands segeln zu gehen? Sicher. Eine Breitling zu tragen? Klar.

Seine auffällige Schweizer Uhr symbolisiert Leistungsfähigkeit, Präzision, Funktionalität. Damit externalisiert er nicht seine verborgenen Bedürfnisse nach starken Gefühlen, sondern demonstriert, dass er erfüllt, was seinem Glauben nach seine Umwelt von ihm erwartet: Er ist ein echter Mann – der bringt es, wenn es darauf ankommt. Leistungsorientierung ist die am schwierigsten zu bekämpfende Externalisierungsstrategie. Weil sie mit Lustgewinn gekoppelt ist. Der ewige Kampf geht auch nach Niederlagen weiter, zur Not, bis nichts mehr von dem

Mann übrig ist als ein Haufen Elend. Denn der sekundäre Gewinn, die Lust am Kampf, wird auch durch Niederlagen nicht getilgt.

> Ich muss an den Schwarzen Ritter denken, der sich König Artus in Monty Pythons »Ritter der Kokosnuss« in den Weg stellt.

Ich muss an den Schwarzen Ritter denken, der sich König Artus in Monty Pythons »Ritter der Kokosnuss« in den Weg stellt: »An mir kommt niemand vorbei!« Als im unvermeidlichen Kampf König Artus dem Schwarzen Ritter den linken Arm abschlägt, tönt der: »Ach, das ist nur ein Kratzer!« – und kämpft verbissen weiter. Kurz darauf verliert er den zweiten Arm. Das Blut tropft aus beiden Schultern, aber der Ritter gibt nicht auf. Jetzt beginnt er, König Artus mit Fußtritten zu malträtieren. Der König muss mit dem vor ihm herumhampelnden Wrack von einem Ritter weiterkämpfen, wenn er den Sieg davontragen will, und darum geht's ja schließlich: »Ihr seid wirklich außergewöhnlich tapfer, Sir, aber der Sieg ist mein! Und Ihr habt keine Arme mehr!« – »Ach, ist doch nur 'ne Fleischwunde«, entgegnet der Ritter und tritt dem König in den Hintern. Auch als er dann nur noch auf einem Bein herumhüpfen kann, weil das andere abgehauen im Dreck liegt, ist noch nicht Schluss: »Ich bin unbesiegbar. Ich spucke dir in die Augen und blende dich!« Am Ende, nachdem ihm der König auch noch das zweite Bein abgeschlagen hat, balanciert der Ritter auf seinem Rumpf und kommt so langsam zur Einsicht, dass er nicht mehr gewinnen kann: »Also gut, einigen wir uns auf unentschieden!«

> Gewinnen muss nicht bedeuten, den anderen zu besiegen.

Monty Python hat ja die Welt in zwei Lager gespalten. Die einen lachen sich kaputt bei solchen Sketchen, die anderen schütteln verständnislos den Kopf. Aber auch wenn Sie kein Monty-Python-Fan sind: Diese Karikatur der Leistungsorientierung und des Siegenwollens ist großartig. Sie bringt auf den Punkt, wie absurd es ist, sich zeitlebens immer im Kampf zu sehen.

Ja, Männer wollen immer gewinnen. Aber wenn sie nicht untergehen wollen, müssen sie eines Tages begreifen, dass gewinnen nicht bedeuten muss, den anderen zu besiegen.

»Erinnern Sie sich an die Nacht vor dem Kampf, als Rocky aufsteht und zur Halle hinübergeht, in der am nächsten Tag sein großer Kampf gegen Apollo Creed stattfinden wird?«

Er schreckt aus seinen Gedanken auf und schaut mich an. Ich stelle ihm seinen Drink auf den Tresen. »Rocky steht im Ring in der leeren Halle. Auf der einen Seite hängt über der Tribüne ein riesiges Plakat seines Gegners, des amtierenden Weltmeisters. Auf der anderen Seite sein eigenes Konterfei. Der Promoter, der den Kampf organisiert hat, ist zufällig auch in der Halle und spricht ihn an. Rocky erwidert, dass sein Plakat falsch sei, seine Hose sei nicht rot mit weißen Streifen, sondern umgekehrt. Der Promoter sagt: »Das ist doch ganz egal.«

Rocky Painkiller schaut mich fragend an.

Rocky Painkiller schaut mich fragend an: »Ja, ich erinnere mich an die Szene. Und was soll mir das jetzt sagen?«

»Da ist bei Rocky der Groschen gefallen. Wochenlang hat er trainiert, um Apollo zu besiegen. So hart trainiert wie noch nie in seinem Leben. Es gab nur ein Ziel: Weltmeister zu werden. Der strahlende Sieger zu sein.«

Er lehnt sich zurück. Runzelt die Stirn. »Ich glaub, ich kapier nicht. Was soll sonst das Ziel sein? Darum geht's doch. Oder? Red mal Klartext, Mann!«

»Ich glaube, Sie haben den Film nicht verstanden, kann das sein?«, sage ich kampflustig. Im Hintergrund geht die Eingangstür auf, ich kann über Rockys Schulter hinweg sehen, wie die Sandra-Bullock-Frau von vorhin hereinkommt, mit einem jungen, gut aussehenden Sunnyboy im Schlepptau. Sie gehen quer durch den Raum – sie hat sexy Schuhe, er einen sportlichen Gang – und lassen sich in die Ledersessel fallen. Rocky starrt mich an. Ich fahre fort: »In seinem Kopf hallt es noch nach: ganz egal. Ganz egal. Er geht nach Hause und weckt seine Adrian, legt sich neben sie aufs Bett und sagt ihr, dass er Apollo Creed nicht besiegen kann, dass er keine Chance hat. Jeder denkt, jetzt zieht er den Schwanz ein. Aber dann redet er weiter und macht den entscheidenden Unterschied: Noch nie hat jemand die volle Distanz gegen den Champion durchgehalten. Noch nie ist jemand gegen ihn über 15 Runden gegangen. Also sagt er sich: Ich kann ihn nicht besiegen. Aber wenn ich nach dem letzten Gong noch stehe, habe ich gewonnen.« Pause.

Ich sehe, wie es in seinem Kopf rattert. Ich gehe rüber zu der Lady und ihrem Lover und nehme ihre Bestellung auf: ein Painkiller und ein White Russian. Während ich zum Tresen zurückgehe, wundere ich mich: zwei Gäste, die unabhängig voneinander am selben Abend einen Painkiller bestellen? Sehr ungewöhnlich.

»Ich bin andauernd am Painkillerbauen heute. Hier geht's zu wie in der Soggy Dollar Bar. Habe ich selten erlebt«, sage ich, als ich mir den Rum greife.

Rocky zuckt hoch, starrt mich an. Dreht sich ruckartig um, sucht den Raum ab. Erstarrt. Dann springt er auf und wirft dabei den Barhocker um. Ich rufe: »Hey, Mann, spinnst du?!«

Mit ein paar Sätzen ist er drüben bei der Lady und ihrem Lover. Er brüllt. Sie kreischt und hält sich die Hände vor den Mund. Er packt den Mann von der Seite mit beiden Händen am Kragen und zerrt ihn rückwärts über die Lehne. Er schreit: »Du Scheißtyp! Ich mach dich fertig!« Sie springt auf, der flache Tisch fällt um, mit allen Getränken drauf. Die Gäste schreien durcheinander. Männer stehen auf. Unentschlossen. Ich haste um den Tresen und rufe: »Schluss! Hör auf!« Da klatscht es, mit der linken Hand krallt er sich in sein Hemd, mit der rechten Faust drischt er auf sein Gesicht ein. Der Typ liegt auf dem Rücken, versucht verzweifelt, sich mit den Unterarmen zu schützen. Es klatscht wieder, er fängt eine nach der anderen. Rocky prügelt auf ihn ein, brüllt wie ein wildes Tier: »Du vögelst nicht meine Frau! Du Schwein! Ich bring dich um! Du Drecksau!!« Ich bin endlich bei ihm, werfe mich auf seinen Rücken, umfasse ihn mit beiden Armen, versuche ihn wegzuzerren. Ein Gast greift ein, versucht Rocky am Arm festzuhalten. Er drischt weiter auf den Jungen ein. Eine Palme fällt über uns. Der blutende Junge versucht, aus der Gefahrenzone zu robben. Rocky langt nach einem zerbrochenen Highball-Glas. Ach du Scheiße, jetzt wird's wirklich gefährlich. Ich schreie ihm ins Ohr: »Hör auf! Lass ihn! Ende! Aus!« Die Lady schreit etwas zu uns herüber, rennt stöckelnd an uns vorbei, Richtung Ausgang. Rocky schüttelt mich ab, rappelt sich auf, verpasst dem Liegenden noch einen Tritt in die Seite, rennt hinter der Frau aus der Bar hinaus auf die Straße.

Die Aufregung ist vorbei.

Die Polizei ist wieder gegangen. Der Krankenwagen hat den Mann mitgenommen. Ich habe einen Verband um die linke Hand bekommen, wegen einer kleinen Schnittwunde an der Handkante. Die Gäste sind alle weg, ein paar haben Zeugenaussagen zu Protokoll gegeben. Alle, bis auf den Lady-Lover, sind mit dem Schrecken davongekommen. Der Sunnyboy ist in mehrerlei Hinsicht das einzige Opfer dieses Abends. Die Jangada Bar ist geschlossen.

> Den Painkiller werde ich morgen von der Karte nehmen.

Ich räume die Möbel auf, richte die Palme wieder her und sammle die restlichen Scherben ein. Der Schaden hält sich in Grenzen. Auf dem Tresen steht noch Rockys Highball-Glas, halb leer. Ich habe weiche Knie, mir ist schlecht.

In die eine Hand nehme ich das Glas, die Kehrschaufel mit den Scherben in die andere und gehe durch die Hintertür in den Hof hinaus. Draußen ist es kalt, es hat aufgehört zu regnen. Plötzlich springen mir die Tränen aus den Augen, ich bekomme kaum mehr Luft, meine Hände zittern. »Scheiße!«, schluchze ich und feure das verdammte Glas gegen die Backsteinmauer an der Rückseite der Jangada Bar. Es zerspringt in tausend Splitter.

Nach einer Weile geht es wieder, ich hole den Strohbesen und fege die Scherben zusammen. Dieser Abend ist mir komplett entglitten, ich habe voll danebengehauen. Und das fühlt sich nicht gut an. Ich öffne die Tür, gehe wieder hinein, drehe das Licht ab und schalte alle Geräte aus. Den Painkiller werde ich morgen von der Karte nehmen. Ich gehe durch den Vorderausgang hinaus, schließe hinter mir ab und trete auf den Bürgersteig. Heute komme ich früher heim als sonst.

6
Screwdriver
Kultur Drogen Alters-vorsorge

5 cl Wodka
15 cl Orangensaft

»Für mich einen Screwdriver, bitte.«

»N'Abend, Gray.

Gute Wahl. Mach ich dir.«

Gray kommt seit einiger Zeit öfter in die Jangada Bar. Manchmal drei Tage hintereinander, mal mit drei Wochen Abstand. Sie ist in jeder Hinsicht unberechenbar.

Eis in das Mixglas. Sie hat sich heute eine Riesenmähne geföhnt. Tolle braune Locken mit Rotstich! Wodka – ein Drittel ins Glas. Mitte bis Ende dreißig, schätze ich. Ein Kraftpaket, Power ohne Ende, ungefähr 1,60 klein, stabil gebaut, fast schon muskulös. O-Saft, zwei Drittel. Nicht unbedingt hübsch. Aber interessant. Finde ich jedenfalls. Shaker drauf und hoch damit. Zieht sich immer fantasievoll und bunt an. Schütteln! Heute ganz in schwarzem Leder. Hat mich von der ersten Sekunde an geduzt – und macht das, soweit ich das beurteilen kann, mit jedem. Das Sie hat sie in ihrer Welt gestrichen. Glas auf die Arbeitsplatte, Schlag mit der Handkante. Sie fummelt an den Chips rum, fahrig, dreht die Schüssel um die Achse, spielt mit dem Untersetzer. Strainer, Highball-Glas, rein mit dem Drink.

»Mensch, Bruno, du Schussel!«

Ich habe mal wieder einen Schubser von dem Drink am Glas vorbei geschüttet. »Grmpf, aber du machst mich eben nervös!«, brumme ich.

Bruno, du Bauer. Mach meinen Drink fertig, sonst geh ich ein.

Gray lacht. »Ich? Nie im Leben. Ich könnte nicht mal einen frisch entlassenen Knacki mit zwanzig Jahren Frauenentzug nervös machen ...«

»Ich meine ja auch nicht deine unvergleichliche Mähne, deine sexy Muskelpakete und dein reizendes Strahlen«, necke ich sie, »ich meine dein nervöses Gehampel und die Sauerei, die du mit den Chips anstellst.«

Sie lacht noch lauter. »Bruno, du Bauer. Mach meinen Drink fertig, sonst geh ich ein. Ich bin auf kaltem Entzug. Was glaubst du, warum ich so nervös bin?«

»Moment. Da fehlt noch was.« Ich schneide eine Orangenscheibe – unbehandelte Schale – und greife nach den Ananasblättern, um eine schöne Deko zu bauen.

»Stopp, alter Korinthenkacker. Lass die Deko weg, das Grünzeug kann man sowieso nicht essen. Lass rüberwachsen jetzt!« Sie langt über den Tresen nach dem Drink, aber ihre Arme sind zu kurz.

»Gray, zügle dich.« Ich halte das Glas theatralisch von ihr weg. »Du bekommst von mir einen Drink, aber erst wenn er fertig ist! Bei mir gibt's keine halben Sachen.«

Lass die Deko weg, das Grünzeug kann man sowieso nicht essen.

»Oh, Mann!« Sie greift voll in die Chips und stopft sich eine Handvoll in den Mund, kaut grinsend.

Gray ist immer gut gelaunt. Aber Kultur hat sie keine. Ich reize sie noch ein bisschen mit meiner Fummel-Deko, dann stelle ich ihr den Drink auf den Tresen, stecke zwei Strohhalme rein und den Schraubenzieher zum Umrühren.

Amerikanische Öl-Ingenieure auf Montage im Nahen Osten sollen Ende der 1940er Jahre ihren Wodka-Orange mit ihren Schraubenziehern umgerührt und so diesen so einfachen wie schmackhaften Drink populär gemacht haben. Sagt man. Hübsche Legende, finde ich, die man ja ruhig noch ein wenig pflegen kann. Deshalb der Schraubenzieher. Der Wodka sollte ein guter sein, einer mit Charakter, sonst überdeckt der starke Orangengeschmack alles.

Mein Geheimtipp: polnischer Kartoffelwodka Luksusowa.

Gray ist immer gut gelaunt. Aber Kultur hat sie keine.

Ich stütze mich mit den Ellenbogen auf und beginne ein Gespräch mit Gray: »Sag, wie läuft's bei dir?«

Gray rührt in ihrem Cocktail herum, legt den nassen Schraubenzieher auf den Tresen, nimmt einen Schluck durch die Röhrchen, zieht ihren Ring mit dem großen Opal aus und legt ihn neben den Schraubenzieher. Wie immer vermeidet sie den Blickkontakt.

»Keine Ahnung, wie's läuft.

Musst du meinen Banker fragen. Aber viel zu tun!« Sie stupst mit dem Finger nach den Eiswürfeln. »Ziemlich chaotisch bei uns. Gerade ist ein Kunde abgesprungen. Sind aber auch Mimosen, die Leute. Der Erbsenzähler regt sich auf, weil wir bei seinem Event ein bisschen viel improvisiert haben. Und die Rechnung hätte nicht gestimmt. Hätten ihm ja eine neue geschrieben, aber

der war gleich sauer. Marke Kunde-ist-König und so, du weißt schon. Naja, ist schade. Aber meine Mädels sind halt auch ein Sauhaufen. Die richten immer ein Chaos an. Und ich bin nicht gerade die Meisterin im Aufräumen. Die können auch nicht mit den Kunden umgehen. Wenn es darum geht, einen solventen Herrn auf einer Reise zu begleiten, die wir für ihn arrangiert haben, mach ich das immer selbst. Aber das bringt mich irgendwann um. Na, was soll's. Haben gerade wieder 'n super Auftrag bekommen. Sollen 'ne Vertriebstagung aufhübschen. Wünschen sich was Abgefahrenes für den Abend. Hoffentlich überraschen wir diese Buchhaltertypen nicht zu sehr, hehehe.« Sie holt mal kurz Luft. »Naja, im Ernst, es ist halt stressig. Ich blicke an manchen Tagen einfach nicht mehr durch. Wir haben Aufträge ohne Ende, aber am Monatsende sieht's trotzdem mau aus. Mein Banker mosert, dass unser Rating so schlecht sei, und will mir den Dispo nicht erhöhen. Scheißzahlenfresser. Kapiert nicht, dass uns der Anzug zu eng ist, wir haben dermaßen Schwankungen in den Monatsumsätzen, das kann ich echt nicht abfangen.« Schluck Wodka-Orange. »Und meine Mädels halt. Haben Eventmanagement rauf und runter gelernt, aber kriegen den Hörer nicht abgenommen. Ich glaube, ich muss noch jemand einstellen …«

»… stell nicht wieder jemand Kreatives ein!«, unterbreche ich sie.

> Wenn du selber chaotisch bist, brauchst du Mitarbeiter, die dich strukturieren.

»Was? Wieso? Wir sind doch keine Anwaltskanzlei! Erzähl mir nichts, du verstehst nichts von meiner Branche!«

»Nö, aber ich versteh was vom Business.« Ich hole ein paar Kerzen aus dem Vorrat und lege sie auf ein Tablett. »Wenn du selber chaotisch bist, brauchst du Mitarbeiter, die dich strukturieren. Ist doch logisch. Du brauchst mehr Detailplanung. Du musst deine Kosten im Griff haben. Alles muss sauber kalkuliert werden. Eben die Sachen, die du partout nicht machen willst. Dann muss sie ein anderer machen.«

Gray spielt wieder mit den Chips und schaut vor sich hin.

»Stell einen Buchhaltertypen ein«, schlage ich ihr vor. »Einen Korinthenkacker, Erbsenzähler, Zahlenfresser. Und nimm einen Mann. Dein Hühnerhaufen braucht einen Hahn, damit ihr wieder wisst, wo Norden ist!«

Sie kichert. »Oh, Bruno, ich bin nicht sicher, ob das eine gute Idee ist. Der wäre keinen halben Tag da, schon würde sich der ganze Hühnerhaufen darum kloppen, wer ihm als Erster an die Wäsche gehen darf.«

»Oh, bitte!« Ich reiße die Augen künstlich auf und mache eine Geste wie ein Fußballer, der beim Schiedsrichter einen Elfmeter reklamiert. »Denk doch nicht immer gleich ans Vögeln. Dann stell eben eine Schwuchtel ein oder eine hässliche Kröte mit Körpergeruch. Aber stell jemanden ein, der rechnen kann!«

Sie sagt nichts. Nestelt in ihrer Handtasche rum und holt eine kleine Pille raus. Steckt sie sich geistesabwesend zwischen die Zähne und trinkt einen Schluck.

Gray organisiert Veranstaltungen. Verrückte, kreative, außergewöhnliche Events. Der eine Teil sind Firmenveranstaltungen. Was sich aber ganz besonders herumgesprochen hat, sind Veranstaltungen für Einzelpersonen oder Paare. Gray erfüllt Träume. Ihre Agentur heißt dementsprechend Wolke 7.

Gray erfüllt Träume. Ihre Agentur heißt Wolke 7.

Angefangen hatte das Ganze, als sie mal mit einem Ex-Lover zusammengesessen und mit ihm rumgesponnen hat. Was würde dich so richtig heiß machen? Antwort: ein Blind Date in Marrakesch. Eine Woche runterfahren und nicht wissen, wann und wer sich wo an ihn ranmacht. Einfach warten, bis es passiert und dann eine wunderschöne Affäre mit einer tollen Frau, herrlichen Abenden und grandiosem Sex. Warum kann man so was eigentlich nirgendwo kaufen? Oder kann man? Müsste man anbieten. Wäre ja gar nicht so schwer zu organisieren. Oder abgefahrene Wüstentrips, mit gefährlichen Überraschungen. Oder alleine auf einem Eisberg und ringsum kein Schiff am Horizont. Oder ein paar Tage als Mitglied in einem Indianerstamm im Reservat. Oder oder oder. Sie redeten sich die Köpfe heiß und am Ende machte Gray diese Agentur einfach auf.

Der erste Kunde war ein Kollege ihres Ex-Lovers, ein Manager mit zu viel Geld und zu viel Langeweile, der buchte bei ihr drei Frauen unterschiedlicher Herkunft auf einer kleinen, einsamen Insel. Textilfrei. Wolke 7. Dreams come true. Das sprach sich rum ohne Ende und schon bald musste sie Mitarbeiter einstellen. Und dann begann das Elend. Sie konnte nicht Nein sagen und nahm jeden Auftrag an. Es kamen immer mehr Anfragen, und dann ging es drunter und drüber. Lauter Pannen. Unzufriedene Kunden. Manchmal sogar gefährliche Fehler. Verwechselte Telefonnummern. Indiskretionen, die sie den Ruf kosten könnten.

Aber durch ihre verrückten Ideen macht sie das bislang alles immer wieder wett.

»Weißt du, Bruno«, sagt sie leise, »manchmal weiß ich nicht, ob ich den Laden nicht doch wieder zumache. Ich habe Angst, bald mal zusammenzuklappen, und seit Wochen schlechte Laune. Und so sollte es doch eigentlich nicht sein, oder?«

> In Wahrheit brauchst du die schlechte Laune, um zu merken, dass du nachjustieren musst.

»Nein. Wenn du deinen Traumjob machst, hast du keine schlechte Laune, schätze ich.« Ich nehme das Tablett und mache meine Runde durch den Gastraum, um die Kerzen auszuwechseln und anzuzünden.

Als ich zurückkomme, korrigiere ich mich: »Falsch. Ich habe dir gerade Senf erzählt, sorry. Natürlich hast du ab und zu auch in deinem Traumjob schlechte Laune. Es ist nie alles Friedefreudeeierkuchen. Das ist nur oberflächliches Bargeschwätz. In Wahrheit brauchst du die schlechte Laune, um zu merken, dass du nachjustieren musst. Dass du etwas ändern musst, um den Kurs zu korrigieren. Damit es dein Traumjob bleibt. Und nicht zur Hölle wird. Und wenn du dauerhaft heftige schlechte Laune hast, musst du grundlegend was ändern.«

»Und was?«, fragt sie mit ernstem Gesicht.

»Nach allem, was du mir erzählt hast, stelle ich mir das so vor: Bei dir gibt es ganz viel Freiheit, du lässt deine Mitarbeiterinnen an der langen Leine und gehst davon aus, dass sie selbstverantwortlich und unternehmerisch handeln, richtig?«

»Klar! So habe ich sie mir ja ausgesucht. Ich will keine Kommandokultur in meinem Laden. Soll ja nicht so sein wie bei Vattern.« Sie schiebt ihr Glas durch die Gegend, dass ich Angst bekomme.

»So? Interessant. Wie war es denn bei dir zu Hause mit deinem Vater?«

»Na, das war schwierig mit uns«, erzählt sie. »Auf der einen Seite war er Banker. Firmenkundenberater. Korrektkorrektkorrekt. Immer alles in bester Ordnung und so. Er war der Chef in seiner Filiale und sein Wort war Gesetz. Auf der anderen Seite waren meine Eltern aber enthusiastische 68er. Hat überhaupt nicht zusammengepasst. Freizeithippie und Berufsspießer. Meine Schwester und ich durften alles. Es gab keinen Widerstand. Jungs, Drogen, nachts wegbleiben und so, es gab keine Grenzen. War eine geile Zeit.« Sie zupft am Untersetzer herum, ihr Glas wackelt bedenklich.

»Du hast nicht sonderlich viel Respekt vor deinem Vater, oder?« Ich lege einen neuen Untersetzer daneben und stelle ihr Glas darauf, damit sie den alten Untersetzer gefahrlos bearbeiten kann.

»Sollte ich? Jedenfalls will ich nicht in einer Bank arbeiten. Unsere Kunden wollen abgefahrene Ideen, da brauche ich ab-ge-fah-re-ne Leute.« Dabei klopft sie mit der flachen Hand bei jeder Silbe auf den Tresen.

> Freizeithippie und Berufsspießer. Hat überhaupt nicht zusammengepasst.

»Die Mischung macht's. Jedenfalls stelle ich mir deine Firmenkultur so vor, dass jeder macht, was er will, und seine Freiheiten voll ausnutzt, nur nicht gerade im Sinne deiner Firma. Ich glaube, die tanzen dir auf der Nase rum. Haben keinen Respekt vor dir. Sag mir, wenn ich mich täusche. Und nicht mal genießen können sie die Freiheit. Sind ständig unzufrieden, fordernd. Und am Ende bleibt alles an dir hängen und du musst retten, was noch zu retten ist. Na, kann ich hellsehen?«

Jetzt ist Gray kleinlaut. »Ich vermute, ja, du kannst hellsehen. Oder besser gesagt schwarzsehen.«

Gray ist völlig desorganisiert.

Und so ist auch ihre Firma, denn der Fisch stinkt vom Kopf. Das Thema des Abends ist Organisation. Eigentlich Selbstorganisation. Kreativität braucht Struktur. Das Ergebnis von Selbstorganisation sind gute Gewohnheiten. Und die Summe von Gewohnheiten heißt Kultur. Zum Beispiel Meetingkultur, Projektkultur, Kultur der Pünktlichkeit und Verbindlichkeit. Kultur der Kundenorientierung. Kultur des respektvollen Umgangs miteinander. Gesprächskultur. Bis hin zur Ess- und Trinkkultur.

Ein persönliches Sammelsurium von Tools. Das hilft ungemein.

Bei all den Anforderungen, die heute so auf Sie hereinprasseln, brauchen Sie ein gewisses Maß an Organisation. Einen passenden Werkzeugkasten. Sie sollen sich nicht überorganisieren bis zur Erstarrung. Aber ein guter Mix aus Zeitmanagement, Projektmanagement, Informationen organisieren, delegieren, geordnete Entscheidungsprozesse, Techniken, um das Leben übersichtlich zu halten. Ein persönliches Sammelsurium von Tools. Das hilft ungemein beim Balancieren zwischen den konkurrierenden Lebensbereichen.

Glauben Sie niemandem, der Ihnen verkaufen will, die XY-Methode sei der Stein der Weisen. Es gibt immer mehrere Möglichkeiten, um zu gleich guten Ergebnissen zu kommen. Eigentlich ist es egal, welche Methoden und Tools oder welches System Sie verwenden, Hauptsache, Sie verwenden überhaupt ein System. Denn sonst gehen Sie heute unweigerlich im Chaos unter und verzetteln sich, so wie Gray.

Suchen Sie sich ein Zeitmanagementsystem, wenden Sie es an, aber werden Sie nicht sein Sklave. Es sollte ein System sein, das die Stapel bekämpft und die Flut der gelben Zettel. Vorsicht: To-do-Listen sind auch eine Art Stapel. Die wuchernden, unerledigten Arbeiten in Stapelform ständig vor Augen zu haben kostet Energie. Je mehr Aufgaben im Kalender terminiert sind, desto weniger stapeln sich – desto besser. Nutzen Sie das System auch für Privates. Es macht keinen Sinn, die eine Welt in zwei zu trennen. Es geht darum, sich das Leben zu organisieren. Und wenn Sie arbeiten, leben Sie schließlich auch. Das gilt zumindest für die meisten von Ihnen.

Papier kann man nicht synchronisieren. Deshalb finde ich den Kalender im Handy praktisch, sich mit iPhone oder Blackberry zu organisieren. Das spart eine Menge Zeit. Aber wenn Sie lieber mit dem Wandkalender in der Küche hantieren, ist das auch bestens. Hauptsache, Sie haben es sich angewöhnt und bleiben konsequent dabei.

Ich bin selbst kein Zeitmanagementmeister. Wenn Sie mich jetzt nach meinen Terminen fragen: Ich weiß nicht auswendig, was nächste Woche ist. Und ich habe auch so ein paar Körbchen, die ständig überquellen. Ich bin außerdem kein sonderlich versierter Projektmanager. Eigentlich denke ich gar nicht in Projekten. Ich bin froh, wenn ich von außen strukturiert werde, durch den Kalender und vor allem durch meine Assistentin. Die hält mich frei. Das ist meine Lösung.

Was den meisten fehlt: Die Themen Familie oder Partnerschaft oder Freunde oder Hobbys im Kalender. Ich plane immer einen Monat im Voraus: An welchen Tagen bin ich zu Hause, wann in der Bar, wann habe ich Übernachtungen auswärts? Meine Familie weiß immer, was ich vorhabe und wo ich bin. Das entlastet enorm. Denn wenn sich alle auf meine Abwesenheiten einstellen können, entfällt die Enttäuschung: »Wie, du bist morgen Abend gar nicht da?«

Suchen Sie sich ein Zeitmanagementsystem, wenden Sie es an, aber werden Sie nicht sein Sklave.

Im Kleinklein, der Detailplanung, habe ich Luft nach oben, ich geb's zu. Bei der Tagesplanung, Wochenplanung bin ich nicht so durchgetaktet, sondern viel spontaner als viele. Ich kann nun mal nicht planen, ob ich am Freitag um 18:30 Uhr ein Buch lesen will. Aber wenn ich Privates nicht blocke, ist die Zeit garantiert weg. Also blocke ich. Alles zu planen ist dumm, denn die Welt hält sich nicht an deinen Plan. Aber gar nicht zu planen ist gefährlich.

Die meisten planen nur die fremdbestimmten Termine: die geschäftlichen und die privaten Verpflichtungen. Aber der Abend mit der Frau steht nicht drin. Und deshalb findet der auch nicht statt.

Ich hör dann immer: »Mein Kalender ist geschäftlich, da will ich Privates nicht drinhaben!« – Okay. Das heißt im Endeffekt aber: »Mein Leben ist geschäftlich, da will ich Privates nicht drinhaben!« Ihre Wahl.

Da ich auch kein sonderlich wilder Networker bin, bekomme ich auch gar nicht so viele E-Mails. Vielleicht 10 oder 20, manchmal 30 am Tag. Und ich habe auch nicht den Anspruch, sie umgehend zu beantworten. Ich verursache selbst keine E-Mail-Flut, deshalb bekomme ich auch keine Tsunamis zurück. Dafür telefoniere ich relativ viel. Sie können das selbst steuern. Im Umkehrschluss: Wenn jemand über seine 250 E-Mails jammert, denke ich: Opferrolle, selbst gemacht. Wer hat gesagt, dass man immer auf Stand-by laufen muss, dass man so tun muss, als sei man ein atmender E-Mail-Server? Und wenn Sie jetzt sagen: Das erfordert aber nun mal mein Job, dann sage ich: Der Job erfordert ja auch jemanden, der ihn macht. Und dafür, dass Sie das sind, haben Sie sich ja einst entschieden. Gratuliere!

Das wichtigste bei all der Selbstorganisation sind: Prios!

Das Wichtigste bei all der Selbstorganisation sind: Prios! Prioritäten setzen. Darin bin ich allerdings gut.

»Ja super, dass du deine Prioritäten im Griff hast«, giftet Gray, »aber bei mir klappt das nicht. Eisenhower-Matrix, wichtig und dringend und so, alles klar, ich war auch schon auf solchen Seminaren. Aber wenn im Alltag alles drunter und drüber geht, kann ich das nicht. Und jetzt ist meine Prio Durst löschen. Machst du mir bitte noch mal so einen Schraubenzieher? Und einen doppelten Espresso, bitte.«

»Ja, gern.« Ich drehe mich um und mache mich an der Kaffeemaschine zu schaffen. »Du sagst, du kannst nicht. Aber du meinst: Ich will nicht.«

»Quatsch!«

»Doch, Gray. Du willst nicht. Und ich rate jetzt mal, warum nicht.« Ich drehe mich um und sage: »Du hast Angst, dass deine Ideen weg sind, wenn du dich organisierst. Du glaubst, Kreativität braucht Chaos.«

»Bruno, du bist ein elender Klugscheißer. Mach mir doch einfach meinen Kaffee, ja?«

Du sagst, du kannst nicht. Aber du meinst: Ich will nicht.

Ich drücke auf der Fiorenzato herum, aber irgendwie scheint meine geliebte Macchina einen schlechten Tag zu haben. Vielleicht braucht sie nur einen Moment. Ich mixe erst mal den Screwdriver. Dann liefere ich noch zwei Drinks zu den Ledersofas. Zurück am Tresen nerve ich Gray weiter: »Hör mir einfach zu. Du musst mir nicht recht geben. Tu einfach so, als wäre ich der Pfarrer auf der Kanzel. – Setze dich zwischen den Feiertagen oder am Wochenende auf deinen Hintern und schreib auf, was deine drei Kernpunkte für die nächsten zwölf Monate sind. Leite die drei Punkte aus deinem Leitbild ab, das du hoffentlich hast. Das sind deine drei Widely Important Goals, deine WIGs. Ein WIG erkennst du daran, dass es alle anderen Ziele in die zweite Reihe stellt. Du kannst noch so viele deiner Ziele erreichen, solange du deine WIGs nicht umgesetzt hast, ist das Erreichen anderer Ziele irrelevant. Wenn dein WIG zum Beispiel lautet, in deinem Laden einen Mindestumsatz von 1 Million pro Jahr zu erzielen und du diesen Mindestumsatz nicht erreichst, kannst du deine Ziele hinsichtlich Organisation dreimal erreichen, sie nützen gar nichts, wenn der Laden kurz vor dem Exitus steht. Erst die WIGs, dann alle anderen Ziele. Im Englischen heißt ›Whig‹ Viehtreiber. So kannst du dir's gut merken. Diese drei Punkte treiben dich nämlich das Jahr über an – und zwar in die richtige Richtung ...«

»Kaffee!«

»Ja, gleich. Ich weiß auch nicht, was mit der Maschine los ist. Jedenfalls kommt dann deine Firma dran: Was sind die wichtigsten Ziele deiner Company? Was trägst du dazu bei? Du konzentrierst dich auf wenige wesentliche Ziele. Dann: Schau, wie du sie messbar machst. Brech die Ziele runter auf deine Leute, hol sie in die Verantwortung. Und du brauchst unbedingt ein Scoreboard, wo deine Aktivitäten drin sind, wo sich die Ergebnisse niederschlagen und kontrollierbar werden, wo du Veränderungen sehen kannst.« Ich hantiere weiter an der Kaffeemaschine herum, prüfe die Stromverbindung. »Ich habe zum Beispiel ein Plakat an der Wand, da trage ich ein, wie viele Vorträge ich im laufenden Jahr schon verkauft habe und zu welchem Honorar. Das sieht aus wie eine Tennis-Weltrangliste und ich kann sehen, wenn ich weiter aufsteige. Weißt du …«

»Mensch, Bruno, jetzt halt doch mal die Klappe! Was ist mit deiner Kaffeemaschine? Hat sie deine Prioritäten nicht befolgt? Ist sie krank geworden? Oder hast du vor lauter Schwätzen verlernt, sie zu bedienen oder was?«

»Tja, ich weiß auch nicht …«

Gray springt auf und – geht.

Sie verschwindet einfach, geht aus der Bar hinaus. Ohne zu zahlen, ohne sich zu verabschieden. Ich fasse es nicht. Habe ich sie dermaßen an die Wand gequasselt? Unglaublich.

»Bruno, mach den Mund zu

und pack mal mit an!« Gray ist wieder da. Mit einer Kaffeemaschine! Sogar einer guten. Keine italienische, aber eine kleine feine, moderne aus der Schweiz, eine Jura Impressa X95 One Touch. Ich haste ihr entgegen, nehme ihr die Maschine ab und stelle sie auf den Tresen. »Wie …« Ich bin baff.

»Ja, da guckst du, was? Du schwätzt, ich handle. So sieht's aus«, triumphiert sie. »Jetzt schließ die Maschine bitte an und mach mir meinen doppelten Espresso. Ich bekomme so langsam Kopfschmerzen vor lauter Koffeinentzug … Die Maschine ist durchgespült und betriebsfertig, du musst nur draufdrücken.«

Ich schaffe Platz an der Rückwand unter dem Spiegel, stecke die kaputte Macchina aus, stelle die neue Maschine auf, stecke sie ein, drücke auf den Power-Knopf, sie beginnt mit dem Aufheizen. Ich fülle Wasser und Kaffeebohnen ein. Und bin immer noch sprachlos. Ich drehe mich um und schaue sie fragend an.

Ja, da guckst du, was? Du schwätzt, ich handle.

Gray grinst und schlägt die Augen nieder. »Also, Zampano, pass auf. Die Maschine hast du jetzt nicht geschenkt bekommen, sondern geliehen, klar? Mindestens so lange, bis deine Italianos deine heiß geliebte Pannenmaschine wieder auf Trab gebracht haben. Sie gehört dem Typen schräg gegenüber in dem Laden, Gunter heißt der. Der verkauft nämlich auch Kaffeemaschinen. Du weißt schon, in dem weißen Haus gegenüber.«

Ich nicke.

»Der Deal geht so. Das hier sind seine Visitenkarten.« Gray zieht einen Stapel aus der Tasche. »Die legst du bitte auf allen Tischen und am Tresen aus, solange du die Leihmaschine nutzt. Und wenn dich einer darauf anspricht, schwärmst du ihm einfach was vor von Gunters Laden. Außerdem kostet das Ganze eine Leihgebühr.«

Ich spitze die Ohren.

»Die Gebühr ist: ein Cocktail. Gunter kommt nach Ladenschluss rüber und trinkt seine Gebühr bei dir am Tresen. Na, was sagst du?« Sie strahlt.

Die Gebühr ist: ein Cocktail.

Ich erhole mich so langsam: »Also, Gray. Ich kann es kaum fassen. Du … ich meine, die Kaffeemaschine geht kaputt, und du brauchst keine fünf Minuten, um eine neue zu besorgen, quasi umsonst und …«

»Ja, quasi umsonst. Und der Clou ist: Gunter ist ein total netter Typ. Wirst du nachher sehen. Kanntest du ihn schon, unter Nachbarn, meine ich?«

Ich schüttle den Kopf. »Nein. Du aber, oder?«

»Nö. Bis gerade eben nicht. Ich hatte nur diesen Laden in Erinnerung. Und da habe ich zwei und zwei zusammengezählt. Und das Ergebnis war fünf. Einen doppelten Espresso bitte. Geht in dieser Schlafmützenbar eigentlich nichts vorwärts, oder was?« Gray hat jetzt so richtig Spaß.

Die Maschine hat aufgeheizt und ich lasse Grays Kaffee raus. »Voilà, Frau Zaubermeister. Ich muss schon sagen, du hast mich jetzt schwer beeindruckt. Ich ahne, was deine wahren Fähigkeiten sind. Und ich bitte um Verzeihung.«

»Gewährt«, sagt sie und schüttet sich einen Riesenlöffel Zucker in das Tässchen, »aber wofür eigentlich?«

»Für mein wiederholt unqualifiziertes Gelaber. Alles, was ich gesagt habe, ist vermutlich wahr und richtig. Aber außerdem gilt: Lass deine Schwächen Schwächen sein und konzentriere dich auf deine Stärken. Wenn du dich und

Lass deine Schwächen Schwächen sein und konzentriere dich auf deine Stärken.

dein Business nicht strukturieren kannst, dann versuche es bitte gar nicht. Sondern stelle einfach jemanden ein, der es für dich macht. In diesem Punkt bleibe ich hart!«

Gray schlürft geräuschvoll ihren Kaffee. »Übrigens«, sagt sie, während sie die Crema aus der Tasse löffelt, »ich habe vorhin Gunter noch ein bisschen ausgefragt und herausbekommen, dass er noch mehr Läden hat außer diesem einen. Demnächst macht er eine Kundenveranstaltung. Ich habe ihm gesagt: Mit so was kenne ich mich aus. Du darfst da nicht nur Kaffee ausschenken. Ist zu langweilig. Schenk da auch Cocktails aus. Und frag nachher einfach mal die coole Socke in der Jangada Bar, die mixt da für dich. Okay, oder?«

Ich kann nur noch verblüfft den Kopf schütteln und grinsen. »Gray, du haust mich um. Danke!«

»Gern geschehen.« Sie legt den Kopf schief und schaut mich an. Sie schaut mir direkt in die Augen. Zum ersten Mal an diesem Abend.

Gray ist besonders stark, wenn es schnell und spontan zugeht. Das Problem ist ihre Erwartungshaltung an ihre Mitarbeiter: Die sollen gefälligst genauso sein wie sie. Aber vermutlich gibt es weit und breit niemanden, der so umsetzungsstark ist wie sie. Ergo können es ihre Mitarbeiterinnen ihr nie und nimmer recht machen und sind unzufrieden. Was sie braucht, sind Leute um sich herum, die anders sind als sie. Und sie braucht eine Kultur der Anerkennung und der Dankbarkeit.

Ich bitte sie, mir ihr Handy zu geben.

»Wie bitte? Warum das denn?«

Und sie braucht eine Kultur der Anerkennung und der Dankbarkeit.

Ich strecke ihr meine Hand entgegen und wackle mit den Fingern: »Her damit, bitte.«

Sie fischt ihr iPhone aus der Tasche und gibt es mir. Ich trage in den Kalender ein: 10:00 Uhr: Danke sagen! Wiederholen: täglich. Mit Warnhinweis. Während ich auf dem Display herumklicke, sehe ich, dass sie zig unbeantwortete Anrufe in der Liste hat und mehrere Nachrichten auf ihrer Mailbox, zum Teil uralt. Und nie abgerufen. Ich gebe ihr das Handy zurück. Sie steckt es wortlos ein, ohne einen Blick darauf zu werfen.

»Wenn jetzt jeden Morgen um 10:00 Uhr ein Warnhinweis kommt und du auf dem Handy liest: Danke sagen!, dann ruf bitte nicht mich an, um dich zu bedanken, sondern überlege, für was du dich bei welcher deiner Mitarbeiterinnen an diesem Tag bedanken kannst – und mache das dann auch!« Ich schaue sie eindringlich an. »So kreativ wie du bist, wird dir immer was einfallen. Und ich verspreche dir, die Stimmung in deinem Büro wird sich ändern. Ziemlich schnell sogar.«

»Danke!«, sagt sie und lächelt verschmitzt.

Später am Abend,

nach Ladenschluss, kommt Gunter vorbei und setzt sich neben Gray an die Bar. Wir unterhalten uns sehr nett und kommen schnell zu einer ganz vernünftigen Kooperation. Gray läuft jetzt zur Hochform auf und flirtet mit Gunter, was das Zeug hält. So langsam hat sie auch ordentlich einen sitzen.

> Wer 14 Stunden am Tag arbeitet, befindet sich im Zustand tätiger Besinnungslosigkeit.

Gunter hat sein Geschäft offenbar ziemlich gut im Griff.

»Wer 14 Stunden am Tag arbeitet, befindet sich im Zustand tätiger Besinnungslosigkeit«, sagt er mit Nachdruck.

Ich gebe ihm recht. Gray schaut unglücklich.

»Im Delegieren steckt wahnsinnig viel Potenzial. Als ich das kapiert habe, hat mein Geschäft einen Riesensprung gemacht«, erzählt Gunter. »Früher habe ich geglaubt, dass ich alles selber am besten kann. Ich habe den Aufwand gescheut, meinen Mitarbeitern mehr beizubringen. Habe mir gesagt: Das hast du schneller selbst erledigt. Und dann, als ich kurz vor dem Kollaps stand, hat mir ein Freund den Schalter umgelegt: Mein Ego stand mir im Weg. Ich habe mit meinen eigenen Mitarbeitern konkurriert. Wie blöd! Heute ist es mir völlig egal, dass meine Mitarbeiter zum Teil länger brauchen oder es nicht hundertprozentig so machen, wie ich es machen würde. Ich freue mich einfach über jeden Handgriff, den sie für mich erledigen, und bin ihnen dankbar.«

»Man kann auch privat ganz viel delegieren«, ergänze ich, »Putzhilfe, Babysitter, Gassi gehen, Hemden bügeln, einkaufen. Habe auch eine Weile gebraucht, um das zu kapieren. Warum sollten meine Frau oder ich Stress wegen Hausarbeit haben? Die zwanzig, dreißig Euro haben wir allemal übrig, dass jemand zwei, drei Stunden kommt und uns hilft.«

Gray schaut gelangweilt und zuppelt an ihrem Ärmel herum.

Gunter fachsimpelt weiter: »Die erste Frage, die du dir vor dem Delegieren einer Tätigkeit stellst: Muss das überhaupt gemacht werden? Beantworten kannst du sie nur, wenn du deine wichtigsten Ziele kennst. Sonst kannst du es nicht entscheiden.«

Gunter und Gray erzähle ich von meinem Weinberg und den Moselwinzerfamiliengepflogenheiten

»Mensch, ihr zwei Dösköppe!«, ruft Gray dazwischen. »Habt ihr kein anderes Thema?«

Doch, haben wir. Ich habe auch so langsam mehr zu tun, ein paar Gäste sind dazugekommen. Darunter einer meiner Lieblingsgäste, eine ältere Frau, die alle 14 Tage in die Jangada Bar kommt, immer alleine. Sie sitzt auf ihrem Stammplatz direkt am Fenster und schaut raus, während sie ihr Glas Wein trinkt. Ich plaudere ein wenig mit ihr. Gunter und Gray an der Bar erzähle ich zwischendurch von meinem Weinberg und den Moselwinzerfamiliengepflogenheiten bei uns zu Hause. Gray trinkt noch einen Cocktail. Und wirft noch mal eine Pille ein.

»Hey, Mädel, du bist ja ganz schön kreativ bei der Zusammensetzung deiner Ernährung heute Abend«, merke ich an. »Was pfeifst du dir denn da rein?«

Sie öffnet ihre Tasche und hält sie mir hin, ich werfe einen Blick hinein: ein ganzes Arsenal an Döschen und Packungen. »Was brauchste denn?«, fragt sie.

»Irre. Was nimmst du denn da für Zeug? Aufputschen oder runterdimmen?«, fragt Gunter.

»Je nachdem«, sagt sie und zuckt mit den Schultern. »Ich weiß, dass das nicht gesund ist. Leber und Niere und Herz und so. Aber so komm ich eindeutig besser durch den Tag. Und mein Doc hat nichts dagegen.«

»Kein Wunder«, sage ich. »Der hat ja auch keinen Schaden davon. Moment, ich muss mal die beiden Turteltäubchen da drüben glücklich machen.« Ich lasse die beiden stehen und kümmere mich um das Pärchen, das sich in die Fauteuils gefläzt hat. Während ich ihre Bestellung aufnehme, sehe ich, wie Gray hinter den Tresen gegangen ist und sich an meinen Flaschen zu schaffen macht. Verdammt! Diese Frau kennt keine Grenzen.

Verdammt! Diese Frau kennt keine Grenzen.

»He, Gray, was machst du denn?«, frage ich, wieder zurück an der Bar.

Statt ihrer antwortet Gunter: »Ich konnte sie nicht davon abhalten. Ich glaube, sie will uns was mixen.«

»Psssst. Nicht stören!«, zischt sie und legt den Finger an die Lippen. Sie kippt nacheinander mehrere Flüssigkeiten in das Mixglas. Haut den Boston Shaker drauf und schüttelt. Ich weiß nicht recht, was ich machen soll, es stört mich, aber ich will sie nicht vor den Kopf stoßen. Ich schaue hilflos zu Gunter, der zuckt die Achseln. Gray schüttet den Mischmasch zu gleichen Teilen durch den Strainer in drei große Cocktailgläser, die dann alle in etwa zu einem Drittel gefüllt sind.

»Wo hast du den Riesling?«, fragt sie.

»Den Riesling? Wieso?« Ich bin genervt.

»Ach, komm schon, sei nicht so ein Stoffel.« Sie kommt auf mich zu, stellt sich dicht vor mich und schaut mir von unten in die Augen. Plötzlich packt sie mich im Schritt. Ich halte die Luft an. Sie hat meine Eier fest im Griff. »Wo. Ist. Der. Riesling. Fragezeichen«, flüstert sie mir direkt ins Gesicht. Ich rieche

Wodka, Orange und Kaffee. Sie verstärkt den Druck. Es ist genau an dem Punkt, wo es beginnt, weh zu tun.

Ich greife langsam nach unten und packe ihr Handgelenk, drücke zu. »Lass los!«, presse ich heraus.

Sie hat Kraft. Sie verstärkt sanft ihren Druck, gnadenlos. »Riesling!« – »Okay«, hauche ich. – Sie lässt los. »Gut. Danke, Bruno, rück ihn raus, ich mach uns einen Drink«, sagt sie fröhlich.

Ich schaue rüber zu Gunter, dem ist die Sache offenbar gar nicht peinlich, jedenfalls lacht er sich einen Ast. Ich beschließe, kein Theater draus zu machen, packe sie an den Schultern, bugsiere sie hinter der Theke hervor in Richtung Barhocker, gebe ihr eine kräftigen Klaps auf den Hintern, »Huch!«, und sage: »Prinzesschen, jetzt ist es gut. Du latschst mir noch einmal über die Grenze und ich lege dich öffentlich übers Knie. Hinter der Bar ist für dich ab sofort der Todesstreifen, kapiert?«

Hinter der Bar ist für dich ab sofort der Todesstreifen, kapiert?

»Kapiert!«, flötet sie und setzt sich brav auf den Hocker. »Und das mit dem Übers-Knie-Legen ...«

»... Nein! Bitte! Such dir ein anderes Sexobjekt!« Ich schüttle lachend den Kopf und hebe beide Hände. »Du weißt, bei mir ist nichts zu holen.«

Gray hat permanent Sexgeschichten am Laufen. Davon erzählt sie mir auch immer freimütig. Viele, viele Affären, nie etwas Festes. Ältere Männer, blutjunge Männer, Frauen, verheiratete Männer, egal. Sie nimmt, was sie kriegt. Und das ist nicht wenig.

Ich hole den Riesling aus dem Kühlschrank und stelle die bereits geöffnete Flasche vor sie auf den Tresen. »Und jetzt?«

»Bitte aufgießen«, sagt sie und nickt in Richtung der drei Cocktailgläser. Ich gieße den kostbaren Wein in die Mixtur und seufze. Dann stelle ich die drei Gläser auf die Theke. Jeder von uns nimmt sich eines, wir stoßen an. Ich nehme nur einen kleinen Schluck zum Probieren, denn in meiner eigenen Bar trinke ich ja grundsätzlich nicht. Hm. Das Zeug ist gar nicht schlecht. Interessant. Es ist sogar gut. Donnerlüttchen. Ich probiere noch mal einen Schluck. Ich schaue Gunter an. Der schmeckt noch nach. Gray grinst. Der Drink ist richtig gut. »Was hast du da reingekippt?«, will ich wissen.

Hm. Das Zeug ist gar nicht schlecht. Interessant. Es ist sogar gut. Donnerlüttchen.

Gray lächelt mich an wie eine Sphinx.

»Komm schon!«

»Bruno. Du bist Freizeitwinzer und machst deinen eigenen Riesling. Und du hast eine Bar. Aber du hast keinen Riesling-Cocktail auf deiner Karte. Bist du denn wahnsinnig?«

Hm, wo sie recht hat, hat sie recht.

»Der Drink ist gut. Was hast du da zusammengezaubert?«, will jetzt auch Gunter wissen.

»Der ist gut, gell?«, sagt sie und grinst weiter vor sich hin.

Später am Abend

geht Gunter nach Hause, vernünftig, wie er ist. Wir verabschieden uns, als würden wir uns schon ewig kennen. Gray bleibt sitzen, wirft noch eine Pille ein und möchte noch einen Cocktail trinken.

»Gleich, kleinen Moment.« Der älteren Frau helfe ich in ihren Mantel und gebe ihr zum Abschied die Hand. Die letzten Gäste gehen, die Jangada Bar ist leer. Nur noch Gray und ich sind im Raum. Ich dimme die Beleuchtung herunter und mache die Musik leiser. Dann fülle ich zwei Gläser mit Mineralwasser, schiebe eines Gray hin, das andere vor den Platz direkt neben ihr. Ich gehe um den Tresen herum und setze mich auf den Hocker neben sie, proste ihr mit dem Mineralwasser zu. Sie prostet nicht zurück.

Hast du einen Mutter-Teresa-Anfall oder willst du mich loswerden?

»Oh, Mann, Bruno ...«

»Die Bar ist geschlossen.«

»... das merke ich. Hast du einen Mutter-Teresa-Anfall oder willst du mich loswerden? Oder beides?«

»Weder noch«, sage ich leise. »Ich freue mich, wenn du noch ein bisschen sitzen bleibst.« Ich schaue ihr ins Gesicht. »Ich mache mir Sorgen um dich.«

Sie nestelt an ihrer Tasche, ich nehme sie ihr sanft aus der Hand und lege sie auf den Tresen.

»Weißt du, du lebst völlig im Hier und Jetzt. Dafür kann ich dich nur bewundern. Was in all den Wie-werde-ich-glücklich-Ratgebern steht und was all meine Kollegen bei ihren Vorträgen predigen, von wegen genieße den Augenblick, lebe in der Gegenwart und so weiter, du machst es. Respekt!«

Sie zieht einen Mundwinkel leicht nach oben und nickt kaum merklich.

»Aber dir geht's nicht gut dabei.« Ich streiche mit Daumen und Zeigefinger der rechten Hand über meine Augenbrauen. »Du sorgst nicht gut für dich.«

Sie schnaubt und macht ein ironisches Gesicht. »Lustig, ich sorge den ganzen Tag für andere. Das willst du sagen, nicht?«

»Genau. Heute Abend hast du für mich gesorgt, mehrfach. Du rettest mich mit einer Kaffeemaschine, du schleppst einen Kooperationspartner an, du sorgst dich um mein Markenimage und ergänzt strategisch meine Cocktailkarte.«

Sie fingert an ihrem Glas herum und malt Linien in die beschlagene Glasoberfläche.

Ich predige weiter: »In deinem Geschäft kümmerst du dich den ganzen Tag um die Träume deiner Kunden und sorgst dich um ihr Glück. Du willst, dass sie auf Wolke 7 schweben. Und was willst du? Was tust du für dich?«

Und was willst du? Was tust du für dich?

Sie schweigt.

»Ich kenne dich ja jetzt schon eine Weile und du erzählst mir viel von dir. Was ich weiß: Du bist Single, keine Kinder. Du legst flach, was dir übern Weg läuft, aber hast nie eine dauerhafte Beziehung. Du machst einen tollen Job und verdienst batzenweise Geld. Eigentlich müsstest du mit deinen kreativen Fähigkeiten schon längst Millionärin sein.« Ich werde immer eindringlicher. »Du sorgst dich kein bisschen um deine Zukunft. Ein Morgen kennst du nicht. Wenn du einen Kontoeingang hast, gehst du shoppen oder verreist, bis du wieder in der Kreide stehst.«

Sie senkt ihren Kopf noch ein Stückchen weiter runter, ihre Mähne fällt ihr von der Seite ins Gesicht.

Du sorgst dich kein bisschen um deine Zukunft.

»Auch was deinen Körper angeht, scheißt du auf die Zukunft: Seit ich dich kenne, hast du mindestens vier Diäten gemacht, mit dem kompletten Fahrstuhl-Programm. Du hast Klamotten in mindestens vier Kleidergrößen im Schrank. Du pfeifst dir Drogen rein ohne Ende, säufst wie ein Loch, schluckst diese hässlichen kleinen Pillen, schüttest Zucker in deinen Kaffee, bis er überläuft, und ziehst dir über den Tag verteilt zwei Liter davon rein. Außerdem machst du dir einen furchtbaren Stress mit deinem chaotischen Büro. Wenn du morgen tot umfällst, kannst du dich nicht beschweren.«

Ihre Finger zittern leicht. Ich bin aber noch nicht mit ihr fertig.

»Gray, ist es das, was du willst?«

Sie schüttelt ganz leicht den Kopf. Atmet schwer und sagt dann mit piepsiger Stimme: »Ich habe meine Schlüssel verloren.«

»Was? Welche Schlüssel? Was Wichtiges?«

Sie nickt, schaut weiter vor sich runter ins Leere. »Irgendwann heute. Vom Büro. Und vom Auto. Ich weiß nicht, wo. Die sind weg. Ich finde sie nicht mehr. Ich weiß nicht, was ich machen soll.«

Sie ist völlig verzweifelt. Ich lege ihr eine Hand in den Nacken und dann bricht sie in Tränen aus. Sie heult leise vor sich hin. Ich kraule ihr den Nacken.

»Tschntuch ...«, schnorchelt sie. Ich stehe auf und hole einen Stapel Papierservietten hinter dem Tresen hervor. Sie schnäuzt sich und fasst sich wieder ein bisschen.

»Weißt du, ich habe mal so ein Buch gelesen. Da ging es um die Timeline, die wir im Kopf haben. Also den Blick auf das, was war, und das, was kommt. Unser eingebauter Zeitmanager sozusagen. Kennst du?«

Ich nicke.

Sie heult leise vor sich hin. Ich kraule ihr den Nacken.

»Und da ist mir klar geworden«, fährt sie fort, »dass ich ein totales Durcheinander in meinem Kopf habe. Ich sehe gar keine Timeline. Ich habe keine Ahnung, was ich morgen machen muss. Habe ich nie. Ich sitze im Büro und bekomme einfach keinen Überblick. Auch nicht eine Stunde im Voraus. Und nicht nur das.« Sie schaut mich an, mit hochgezogenen Augenbrauen. »Ich habe ein furchtbares Durcheinandergeplapper in meinem Kopf. Da quasseln alle möglichen Stimmen durcheinander. Und wenn ich irgendwas machen will, höre ich sofort die Gegenargumente. Ich habe Angst, dass ich nicht ganz dicht bin, weißt du?«

»Gray, du bist vollkommen dicht. Hoffe ich zumindest …«, sage ich und beuge mich zur Seite, schaue theatralisch an ihr runter auf den Boden, »… doch, doch, alles trocken, keine Sorge.«

Ernsthaft, ich hab keinen Bock mehr. Mir wird das alles zu viel.

Sie haut mir mit der Faust vor die Brust und lacht: »Du Sackgesicht. Merkst du nicht, dass ich heule? Da sind deine Blödwitze fehl am Platze!« Jetzt ist das schlimmste Elend wieder verflogen, sie fasst sich. »Ernsthaft, ich hab keinen Bock mehr. Mir wird das alles zu viel. Ich bin kurz davor, vor den Koffer zu knallen.« Sie ruckelt sich auf ihrem Hocker zurecht, richtet sich auf. »Meine Mitarbeiterinnen sind aber auch Scheiße, ich habe es nur mit Idioten zu tun. Die machen nicht, die planen nur dauernd …«

»Stopp!«, rufe ich laut dazwischen.

»Hä?«

»Falsches Programm«, sage ich scharf. »Du rutschst jetzt genau wieder in das alte Muster zurück, aus dem ich dich rausholen will. Merkst du das nicht?«

Du meinst, wie viel Rente ich mal bekomme? Ja, das ist ein guter Witz.

Sie schaut mich an, mit halb offenem Mund. Jetzt muss ich sie doch irgendwie zu packen kriegen!

»Hast du mal eine Anfrage bei der Rentenkasse gemacht?«

»Was? Ach so. Du meinst, wie viel Rente ich mal bekomme?« Sie lacht laut. »Ja, das ist ein guter Witz.«

»Und?«

»Hab's schon wieder vergessen. Ist nicht der Rede wert. 87 Euro im Monat oder so. Kannste vergessen.« Sie nimmt einen Schluck aus dem Glas. »Woher auch. Ich hab gekellnert, bin Taxi gefahren, auf den Strich gegangen.«

Ich ziehe eine Augenbraue hoch.

»Doch ehrlich«, sagt sie, »in jungen Jahren habe ich in einem Massageclub reiche alte Männer zum Abspritzen gebracht. Bin ich aber nicht stolz drauf. Jedenfalls bekomme ich dafür im Alter mal keine Belohnung.«

Ich schüttle den Kopf.

Ist doch egal. Mit 50 bin ich eh tot.

»Ist doch egal«, sagt sie laut und lacht. Sie fährt sich mit beiden Händen durch die Locken. »Mit 50 bin ich eh tot.«

»Toller Plan«, sage ich.

Ich deute in den Raum. »Schau mal, da hinten, siehst du den Platz da direkt am Fenster?«

Sie dreht sich um und schaut rüber. »Ja, wieso?«

»Da saß heute eine nette Dame, ein Stammgast. Sie ist gerade erst mit den letzten Gästen gegangen. Hast du sie bemerkt?«

Gray schüttelt ihre Locken.

»Die lade ich immer ein, sie muss nie was bezahlen. Sie kommt alle 14 Tage auf ein Glas von meinem besten Tröpfchen aus meinem Weinberg. Sie ist ungefähr Ende 50, war Sängerin, sogar recht erfolgreich. Ist vor Jahren auch immer wieder in der Vorgängerbar hier aufgetreten, vor meiner Zeit. Sie hatte Plattenverträge und einen Tourmanager und so. Und eine Traumstimme.«

Gray hört mir schweigend zu und schaut mir mit verheulten Augen auf den Mund, während ich rede.

»Als es noch gut lief bei ihr, hat sie immer alles ausgegeben. Wie du. Hat in Saus und Braus gelebt, nichts ausgelassen. Und hat nicht gut auf sich aufgepasst. Eines Tages war ihre Stimme weg. Und kam nicht wieder. Kaputtgesungen, nie Rücksicht genommen, die Warnungen des Arztes in den Wind geschossen, chronische Laryngitis. Das war der Absturz.«

»Wie heißt sie?«

»Ich kenne nur ihren Künstlernamen, den benutzt sie heute noch: Rose. Rose Vanderbilt.«

»Nie gehört. Und wie ging's weiter?«

»Da sie nie selber Songs geschrieben hat, bekam sie auch keine Tantiemen. Sie hat immer nur von ihrer Gage gelebt, und die fiel jetzt komplett weg. Sie hatte keine Fonds oder Lebensversicherungen oder irgendwas. Ihre Maxime war immer: Ich hab doch mich. Wenn ich was brauche, gehe ich singen. Und dann ging das nicht mehr, sie war ruck, zuck pleite. Musste aus ihrer großen Wohnung raus. Heute lebt sie in einem kleinen Einzimmerappartement und bezieht Hartz IV. Früher war sie ständig unterwegs in aller Herren Länder. Heute sitzt sie fest in ihrer Bude. Die hat nichts mehr. Scheiße, was?«

Früher war sie ständig unterwegs in aller Herren Länder. Heute sitzt sie fest in ihrer Bude.

Gray nickt stumm.

»Aber sie hat ihren Stolz. Würde man ihr nie ansehen, dass sie auf Hartz ist. Sie hat noch ihre Garderobe von früher und trägt immer schöne Klamotten. Geht aufrecht. Mit ihrer Bühnenerfahrung kann sie das auch gut spielen. Sie ist auch unheimlich charmant und hat was zu erzählen. Aber in ihrem Alter und ohne Berufsausbildung hat sie natürlich keine Chance mehr auf einen Job. Die ist bereits am Ende des Spiels angekommen.« Ich wende mich noch ein Stück frontaler zu Gray und sage: »Gray, ich halte dir auch immer ein Plätzchen frei. Wenn du mal zusammenbrichst, kannst du gerne immer kommen, ich setze dich neben die alte Sängerin und dann könnt ihr von vergangenen

Zeiten klönen. Und das nicht erst in 15 Jahren, wenn du so weitermachst wie jetzt!«

Wir machen noch am Abend einen Deal:

Wir wollen Rezepte tauschen. Am nächsten Tag kommt sie in die Jangada Bar, eine Stunde bevor sie aufmacht. Ich schließe ihr auf. Wir setzen uns an den Tisch am Fenster, ich hole uns jeweils einen Multivitaminsaft und was zum Schreiben.

Gray ist zuerst dran. Sie diktiert mir das Rezept für den Rieslingcocktail.

Dann bin ich dran: »Das Rezept für dich besteht aus zwei Zutaten, wie beim Screwdriver: erstens eine Liste von drei hilfreichen Geistern, zweitens eine Abfolge von Aufgaben, die wir gleich fix und fertig terminieren, du hast hoffentlich dein Handy dabei?« Sie nickt und langt in ihre Tasche. »Bevor wir mit

den drei Helfern anfangen, möchte ich von dir hören, was du eigentlich mit deiner Agentur willst. Willst du das Geschäft ausbauen oder lieber klein bleiben?«

Gray wirkt sehr aufgeräumt. Ganz anders, als ich sie von ihren Barbesuchen kenne. Sie hat sich die Haare aus dem Gesicht gebändigt und schaut kühl und klar, ganz Businessfrau.

»Ausbauen. Größer machen. Ich will mehr Mitarbeiter haben und mich dann selber auf das konzentrieren, was ich am besten kann«, sagt sie entschlossen. »All den anderen Krimskrams sollen meine Leute erledigen. Ich will was draus machen. Eine richtige Marke etablieren. Allerdings habe ich keinen blassen Schimmer, wie ich das machen soll. Mir ist nur klar, dass ich es anders anfangen muss als bisher.«

»Top!«, ich freue mich. Sie scheint Biss zu haben. »Dann hast du die wichtigste Erkenntnis schon: Wenn du machst, was du bisher gemacht hast, kommst du dorthin, wo du jetzt schon stehst. Wenn du woandershin willst, musst du etwas anders machen.«

Wenn du woandershin willst, musst du etwas anders machen.

Ich hole mein Handy aus der Hosentasche, wische auf dem Display herum und sage: »Ich schicke dir jetzt drei Adressen rüber. Da ist Nummer eins, Dr. Gomez, er ist Hardcore-Therapeut, ein echter Wundermann. Er macht Crash-Kurzfrist-Therapie in Italien. Er kann dir gleich bei mehreren Aufgaben helfen: dein Drogenproblem in den Griff bekommen, deine Einstellung zu deinen Mitarbeitern ändern, dein Selbstwertgefühl aufbauen. Ich schwöre auf ihn. Du hast bereits einen Termin, den trage ich dir gleich in deinen Kalender ein, gib her.«

Ich nehme einen Schluck von dem feinen Saft, schnappe mir ihr Handy und trage ihr den Termin in Bergamo in drei Wochen ein.

Frau Seele. Sie ist eine pfiffige Büro-Orga-Tante. Sie tötet Stapel wie eine Kammerjägerin.

»Nummer zwei: Frau Seele. Sie ist eine pfiffige Büro-Orga-Tante. Die wird durch deinen Laden fegen und erst wieder gehen, wenn alles läuft und seinen Platz gefunden hat. Sie tötet Stapel wie eine Kammerjägerin. Deine Mitarbeiterinnen werden sie lieben.«

»Aber das kostet doch«, wendet sie ein.

»Ja, das kostet was. Dazu kommen wir gleich noch. Sie kommt nächste Woche zu dir, ihr habt bereits einen Termin vereinbart, ich trage ihn dir ein.« Ich bearbeite weiter ihr Handy.

> Und das Erste, was er mit dir macht: einen Businessplan.

Sie holt tief Luft. »Puh, Bruno, aber was, wenn das Büro dann picobello ist und in vier Wochen bricht wieder das Chaos aus? Ich meine, ich kann doch nicht von heute auf morgen ein anderer Mensch werden!«

»Du hast Angst vor der Ordnung, stimmt's?«, ich tätschle ihr den Handrücken. »Keine Sorge, dein eigener Raum ist ausgenommen. Es geht nur um dein Backoffice und deine Mädels. Was du in deiner Zauberbude anstellst, bleibt weiter dir überlassen. Nummer drei: Gerd Weiß. Er ist ein alter Hase, um die siebzig, ehemals Manager, heute Coach. Bei ihm hast du zehn Termine im Laufe des nächsten halben Jahres, also ungefähr alle zwei, drei Wochen ein, zwei Stunden, bei ihm in der Coachingpraxis. Dabei geht's rein um das Geschäftliche, insbesondere die Themen Strategie, Finanzen und Mitarbeiterführung. Voilà. Hier kommen die Termine. Und hier die Kontaktdaten. Herr Weiß freut sich auf dich.«

Gray runzelt die Stirn.

»Keine Sorge«, beruhige ich sie, »er macht das für kleines Geld, er ist ein guter Freund von mir. Und das Erste, was er mit dir macht: einen Businessplan. Dazu kommt er zu dir ins Büro. Aber erst, wenn Frau Seele aufgeräumt hat. Auch der Termin steht bereits. Und wenn ihr fertig seid, geht er mit dir zur Bank.«

»Einen Businessplan? So was hatte ich noch nie. Muss das sein? Das kann ich nicht.« Sie hat ihren Saft noch gar nicht angerührt.

»Trink mal. Das Zeug ist gut«, sage ich und nicke in Richtung Glas. »Deinen Banker bekommen wir in den Griff und dein Rating auch. Aber nur mit einem

Schuss Professionalität. Du wirst nicht gleich eine AG gründen, aber du wirst künftig einen Liquiditätsplan haben und wissen, wo welches Geld hinfließt und wo welches Geld herkommt. Du brauchst auch nichts weiter zu machen,

Du wirst nicht gleich eine AG gründen, aber du wirst künftig einen Liquiditätsplan haben.

du wirst künftig einen Assistenten haben, der sich damit auskennt.«

»Einen Kümmelspalter?«

»Exakt. Einen Kümmelspalter. Vielleicht ist eine von deinen Mädels sogar dafür geeignet und du wusstest es bislang noch gar nicht. Wenn nicht, wirst du einen guten Kümmelspalter finden. Mit Herrn Weiß' Hilfe.«

Gray lacht und schüttelt ihre Mähne: »Ich bin fasziniert, Bruno. Du stellst mein Leben komplett auf den Kopf.«

»Ich weiß. Der Kümmelspalter wird übrigens für dich das geheime Wunderinstrument des Geldspeichers einführen.«

Ich bin fasziniert, Bruno. Du stellst mein Leben komplett auf den Kopf.

Gray trinkt ihr Glas auf einen Zug leer.

»Das bedeutet«, fahre ich fort, »dass künftig automatisch bei jedem Zahlungseingang, der reinkommt, fünf Prozent weggenommen und auf ein Tagesgeldkonto überwiesen werden. Dieses Konto ist ansonsten tabu. Es ist dein Geldspeicher für künftige Investitionen. Du wirst dich daran gewöhnen, an morgen und übermorgen zu denken. Gib mir mal deine Hand …«

Sie reicht mir ihre Rechte, ich schiebe einen Ring auf ihren Mittelfinger.

»Mein Opal! Mein Ring! Wo hast du denn den her?«, ruft sie strahlend und hält sich ihre Hand mit dem Ring vors Gesicht. »Warum hattest du den?«

»Du hast nicht mal bemerkt, dass du ihn bei mir in der Bar hast liegen lassen, stimmt's?« Ich tippe die letzten Termine mit Herrn Weiß in ihr Handy. »Das ist ab sofort dein Morgen-Ring. Der erinnert dich daran, dass du eine Zukunft hast. Jedes Mal wenn du ihn ansiehst, denkst du ab sofort: Morgen lebe ich auch noch.« Ich gebe ihr das iPhone zurück. »Hast du eigentlich deine Schlüssel wiedergefunden?«

»Ja. Die lagen auf meinem Bett unter den Klamotten, die ich draufgeworfen hatte.«

Das ist ab sofort dein Morgen-Ring. Der erinnert dich daran, dass du eine Zukunft hast.

»Und wie bist du in die Wohnung gekommen?«

»Fußmatte, Ersatzschlüssel.«

»Tststs. Du hast Nerven. Schau, hier ist deine Liste für die nächsten Monate. Du kannst eins nach dem anderen abhaken: 1. Büro auf Vordermann bringen, 2. Finanzen ordnen, 3. Bank um den Finger wickeln, 4. Rolle als Chefin einnehmen, 5. Delegieren lernen, 6. Drogen in den Griff bekommen, 7. Kümmelspalter schätzen lernen, 8. Danke sagen lernen auch ohne iPhone, 9. Neue Leute einstellen, 10. Umsatz durch die Decke jagen.« Ich schiebe ihr die Liste rüber.

Gray schaut mich an, beugt sich rüber, langt mit ihrer Hand in meinen Nacken, hält meinen Kopf fest und küsst mich sanft auf den Mund. Als sie mir plötzlich ihre Zunge zwischen die Lippen schiebt, stoße ich sie weg. Sie lacht schallend.

»Bruno, ich liebe dich!« Sie springt auf, rafft ihr Zeug zusammen. »Ich muss gehen. Bin ich entlassen? Ich habe brutal viel zu tun, weißt du?« Sie kommt aus dem Lachen gar nicht mehr heraus, wirbelt durch die Bar und ruft noch: »Danke! Danke! Danke!« Und ist raus.

Die nächsten paar Wochen sehe ich Gray nicht. Als 14 Tage später Rose wieder vorbeischaut, erlebe ich eine Überraschung: Sie besteht darauf, ihren Wein selbst zu bezahlen.

»Nein, das geht schon klar, ich lade dich ein, wie immer.«

»Doch, ich bezahle. Weißt du, ich kann das bezahlen. Ich habe einen Job.« Sie legt mir einen Schein auf den Tisch und schaut mich von unten her lächelnd an.

»Du hast einen Job? Na, das ist ja … Rose! Wir müssen einen Sekt aufmachen!« Ich bin völlig euphorisch. »Rose! Ich fass es nicht. Was machst du denn jetzt? Was ist das für ein Job? Soll ich uns einen Winzersekt aufmachen? Vom eigenen?«

»Nein, lass mal.« Sie ist ganz die Ruhe selbst. »Kein Gelage. Ich muss morgen früh raus. Bitte sei so gut und steck das Geld weg. Stimmt so.«

Ich nehme den Schein und verstaue ihn in der Kellnerbörse. »Sag schon!«

Soll ich uns einen Winzersekt aufmachen? Vom eigenen?

»Offenbar bin ich ein Glückskind. Ich bin angesprochen worden, von einer ganz netten Frau. Sie weiß, dass ich früher gesungen habe. Sie hat eine Eventagentur. Aber nicht so eine gewöhnliche, weißt du. Tolle Firma! Lauter nette Leute da.« Sie schließt ihre Handtasche und stellt sie auf die Knie, lächelt mich an.

»Ach, komm! Ich glaube, deine Chefin kenne ich.« Ich bin mal wieder völlig verblüfft.

»Ja? Sie heißt Grazia. Wunderbare Frau. Hoch kreativ.«

»Grazia?«

»Ja. Und weißt du, ich muss nichts machen, was ich nicht kann. Sondern eigentlich das, was ich am liebsten mache. Ich begleite unsere Kunden, wenn sie unterwegs sind, auf den Reisen, die wir für sie organisiert haben. Ich unterhalte sie und passe auf, dass alles glattgeht. Total interessante Leute. Na ja, ich habe ja gerade erst angefangen.« Sie zuckt mit den Schultern. »Wer hätte das gedacht?«

»Rose. Ich gratuliere dir!«

Als sie gegangen ist, räume ich ihren Tisch ab. Während ich mit dem Glas zum Tresen gehe, merke ich, dass ich ganz heiße Ohren habe. In meinem Bauch ist es ganz warm. Was für ein schöner Abend. Grazia!

7
Forbidden Fruits

Freundschaf

Träume

Ziele

8 cl Grapefruitsaft
4 cl Maracujasaft
4 cl Cranberry
1 cl Mangosirup
1 cl Grenadinesirup

»Ich muss noch fahren.« »Kein Problem.

Wasser, O-Saft, A-Saft, J-Saft, G-Saft, L-Saft, B-Saft, Tee, Kaffee, Ovomaltine? Oder einen bleifreien Cocktail?«

»Hm, ein bisschen Karibik-Feeling wäre schon nett.«

»Na, fein. Sie dürfen von den verbotenen Früchten kosten, einverstanden?«

Sie lacht glucksend. »Olé!«

Ich greife nach den Zutaten. Olé? Interessant. Den Forbidden Fruits mixt jeder anders. Ich baue ihn zusammen aus Grapefruitsaft, Maracujasaft, Cranberry Juice, Mangosirup und Grenadinesirup. Heute kommen folgende Mengen zusammen mit viel Eis in das Mixglas: fast die Hälfte Grapefruit. Die andere knappe Hälfte Maracuja und Cranberry zu gleichen Teilen. Das sind die Säfte. Von den beiden Sirupsorten nur ganz wenig, je 1 cl. Schütteln und Gast beobachten.

Die Señorita sieht so gar nicht spanisch aus. Blond, groß, schlank, fast ein wenig knochig, Normalo-Klamotten, Normalo-Frisur, farblos. Aber die Augen! Wow. Sie schaut mir lächelnd beim Mixen zu, ich ziehe ein wenig eine Show ab.

Beim Eingießen durch den Strainer in das kurze, breite Tumbler-Glas mit dem schweren Boden konzentriere ich mich. Kein Tropfen geht daneben! Ich reiße beide Arme hoch! »Jjjjaaaa!«

Sie lacht. »Was ist los, haben Sie gerade den großen Preis im Fruchtsaftschütteln gewonnen?«

»Nein. Ich habe nur mein selbst gestecktes Ziel erreicht.« Während ich Boston Shaker und Mixglas zur Seite stelle und nach Messer und Schneidbrett greife, schaue ich zu ihr rüber. Sie beugt sich vor und beobachtet, was ich mache. Sie trägt eine weiße Bluse, ich sehe ihre Schlüsselbeine und einen weißen Spaghettiträger, BH braucht sie wohl keinen. Scheint sportlich zu sein. Jedenfalls nach ihrer Halsmuskulatur zu schließen.

»Und was für ein Ziel?« Sie guckt mich freundlich an. Ihre Augen sind riesig. Und grün. Sie hat ein ebenmäßiges ovales Gesicht und eine hohe Stirn. Deutliche Wangenknochen. Ein paar erste Falten um die Augen. So Mitte dreißig schätzungsweise. Ich überlege, wem sie ähnlich sieht.

Jetzt die Deko. Auf den Spieß kommt als Erstes die Cocktailkirsche, darunter eine Bananenscheibe,

»Ich habe mir vorgenommen, heute jeden Milliliter gemixte Flüssigkeiten IN das Glas und nicht danebenzuschütten. Und das gerade war ein Etappenziel.«

Sie streckt mir den erhobenen Daumen entgegen und kneift ein Auge zu. »Gut gemacht, bravo!« Sie sagt das Bravo nicht wie wir Deutschen, sondern mir rollendem R.

Jetzt kommt die Deko. Auf den Spieß kommt als Erstes die Cocktailkirsche, darunter eine Bananenscheibe, die ich seitlich durchsteche. Das Viertel einer dicken Ananasscheibe wird eingeschnitten und auf den Glasrand gesteckt. In diesen Träger steche ich den Spieß. Daneben kommen noch eingeschnittene Ananasblätter auf den Glasrand. Trinkhalm nicht vergessen. Ich bin ganz zufrieden und stelle ihr den Cocktail auf den Tresen.

»Aquí, Señorita!«

»Muchísimas gracias.«

Unter dem rechten Auge auf dem Wangenknochen hat sie eine lange Narbe. Man sieht sie nur aus der Nähe, weil sie sie mit Schminke überdeckt hat.

»De nada.«

Die Bar ist mäßig gefüllt, es ist Mittwoch, da ist nie viel los. Ich habe Zeit für ein Schwätzchen.

»Woher kommen Sie? Barcelona?«

Sie hat gerade einen Schluck genommen und muss jetzt glucksend lachen, beinahe kommt ihr der Cocktail durch die Nase hoch, sie hustet und hält sich die Hand vor den Mund. »Was? Nein. Ich komme aus Bergisch Gladbach.«

»Na, von dort aus kann man es ja bekanntlich weit bringen«, plaudere ich, »aber am Spanisch haben Sie offenbar Spaß.«

»Ja, ich war mal in Spanien. Ist schon lange her. Eben habe ich mich irgendwie daran erinnert. Muss wohl die Atmosphäre in Ihrer Bar sein.« Sie nimmt noch einen Schluck und lächelt mich dabei wieder reizend an. An wen erinnert sie mich?

»Haben Sie damals in Spanien gelebt? Oder war es nur Urlaub?«

»Nein, ich habe da gelebt, ein Dreivierteljahr, als Au-pair in Sevilla, bei einer reichen Familie. Kinder betreut und so. Vor ewigen Zeiten.« Sie schaut ins Leere und hat offenbar Erinnerungen vor Augen.

»Und? Schöne Erinnerungen?«, frage ich sie nach einer Weile leise.

Sie schaut mich irritiert an. Blinzelt. Schlägt den Blick nieder. Plötzlich sieht sie überhaupt nicht mehr fröhlich aus. Sie kneift Ober- und Unterlippe zusammen und streicht sich mit dem Mittelfinger der rechten Hand abwesend über die rechte Wange, dort, wo die Narbe ist.

»Woher haben Sie die Narbe?«, frage ich.

»Unfall.«

Inzwischen sind neue Gäste

eingetroffen. Darunter ein alter Bekannter, Victor. Der unverschämt lässige, gut aussehende Geschäftsmann, der vor einigen Monaten ein paarmal in meiner Bar war. Heute sehe ich ihn erstmalig nicht allein, sondern in Begleitung einer gleichermaßen unverschämt lässigen, gut aussehenden Frau. Ich freue mich sehr ihn zu sehen. Wir hatten uns damals intensiv unterhalten, es ging um seine Entscheidung, den Job zu wechseln oder zu behalten. Er war in einer Sackgasse und als er das letzte Mal in der Jangada Bar war, hatte ich die Hoffnung, dass er den Durchbruch schaffen würde.

Er schaut zurück und ich weiß alles.

Als ich zu ihnen rübergehe, um die Bestellung aufzunehmen, prüft er mich: »Eine Bloody Mary für mich, bitte.« Eisenharte Miene. Die Frau schaut ihn entgeistert an. Ich muss lachen und halte ihm die Rechte hin. »Ich glaube ich sehe heute doppelt, Victor. Sind das zwei Gäste oder einer?«

Er lacht und schlägt ein. »Das ist meine Frau. Sonja. Bruno.«

Ich gebe auch ihr die Hand. »Hallo, Sonja. Sie können nicht ahnen, wie sehr mich das freut. Ihr Mann bekommt einen Double Vision, und Sie?«

Sie ist jetzt komplett verwirrt und schaut ihren Gatten fragend von der Seite an. »Ähm, einen Milchkaffee, bitte.«

»Gerne.« Ich werfe Victor noch einen Blick zu, er schaut zurück und ich weiß alles. Er hat's gepackt. Er hat seinen Job bei der Pharmafirma geschmissen und etwas Neues angefangen. Und er hat seiner Ehe einen Neustart verpasst. Großartig! Ich mache eine Becker-Faust. »Jjjjaaa!« Victor lacht und streckt beide Arme über den Kopf, die Hände zu Fäusten geballt.

Was ist, haben Sie das nächste Etappenziel erreicht?

Seine Frau knufft ihn in die Seite. »Jetzt hör schon auf, du Kasper!« Aber seine Fröhlichkeit steckt auch sie an. Sie küsst ihn auf die Wange.

Als ich zur Bar zurückkomme, schaut mir die blonde Frau lächelnd entgegen, offenbar hat sie mich beobachtet. Ich halte eine Hand hinter dem Rücken, drücke das Kreuz durch, Kopf aufrecht, Brust raus. »Olé!«

»Was ist, haben Sie das nächste Etappenziel erreicht?«, frotzelt sie.

»Nein, das wäre untertrieben. Ich freue mich einfach tierisch, diesen Mann da drüben zu sehen. Ich könnte Sie knutschen, nur weil Sie da gerade sitzen, aber selbstverständlich tue ich das nicht, keine Angst!«

Sie kichert. Und wieder dieser Augenaufschlag.

»Ich habe ihn lange nicht mehr gesehen. Leider kann ich mich mit ihm nicht unterhalten, weil er mit seiner Frau da ist. Jetzt müssen eben Sie herhalten. Natürlich nur, wenn Sie wollen. Erzählen Sie doch mal: Was machen Sie so?« Ich schalte die kleine, feine Kaffeemaschine von Gunter an, denn die Macchina ist noch immer außer Betrieb. Dann hole ich die zwei Sorten Wodka, den Apfelsaft und den Angostura. Während ich mixe, verliere ich die Señorita nicht aus den Augen.

»Oh, ich kann nichts Spannendes erzählen. Ich arbeite in einer Versicherung. Ziemlich langweilig.« Sie schüttelt abwehrend den Kopf.

»Was ist daran langweilig? Was genau machen Sie?« Ich schäume Milch mit der Dampfdüse auf.

»Seit einem Jahr bin ich Teamleiterin in der Leistungsabrechnung. Ich war schon immer dort, habe da auch gelernt.«

Das ist nicht mein Traumjob. Es ist eben mein Job.

Ich stelle die Tasse unter die Maschine, drücke einen Knopf, schließe den Boston Shaker und schüttle Victors Double Vision über der rechten Schulter. »Und das ist Ihr Traumjob?«

»Nein!« Sie lacht unsicher. »Das ist nicht mein Traumjob. Es ist eben mein Job.«

»Also, Sie sind gar nicht gerne Teamleiterin?«, bohre ich nach. Ich fühle mich in Bestform.

Sie zögert. »Nein. Ich glaube nicht.« Sie fängt an, die Deko auseinanderzubauen und steckt sich die Bananenscheibe in den Mund. »Nein, ich glaube, ich bin keine sonderlich gute Chefin.«

»Warum machen Sie's dann?« Ich gieße das Eiswasser aus dem Cocktailglas und öffne den Shaker.

Warum machen Sie's dann?

»Vorsicht beim Eingießen!«, sagt sie schnell.

»Was?«

»Na, denken Sie an Ihr Etappenziel!«, antwortet sie und grinst verschmitzt.

»Está bien!«, gebe ich zurück und gieße den Drink vorsichtig ein. »Also, warum?«

»Hm.«

Jetzt verspeist sie die Cocktailkirsche. Das würde ich nie tun, reiner Zucker, die Kirsche wird entsteint und dann in Maltose-Sirup eingelegt, wodurch sie komplett ihren Kirschgeschmack und die rote Farbe verliert. Anschließend wird sie mit Farb- und Aromastoffen behandelt. Alles künstlich, einfach eklig.

Ich schaue sie ernst und direkt an. »Sie sollten nicht alles tun, was man so macht!«

Sie schaut erschrocken zurück und hält mit dem Kauen inne.

»Moment. Bin gleich wieder da.« Mit dem Tablett bringe ich einen Double Vision und einen Milchkaffee rüber zu Victor und seiner Frau.

Als ich wieder an den Tresen zurückkomme, sagt sie ernst: »Ich habe den Führungsjob vor einem Jahr angeboten bekommen. Da hatte ich keinen Grund, Nein zu sagen, jetzt, wo meine Tochter in der Schule ist. Meine Tochter geht nachmittags in den Schülerhort, damit ich arbeiten kann. Und mein Mann ist bei der Polizei, er hat flexible Dienste, kann viel zu Hause machen. Es geht also. Und die Firma hat viel in mich investiert. Führungsnachwuchsprogramm. Da kann ich ja schlecht absagen.«

> Sie sollten nicht alles tun, was man so macht!

»Klar.« Ich räume die Flaschen weg.

»In der Leistungsabrechnung ist es schwierig geworden. Vieles ist automatisiert. Früher musste man noch selber mitdenken. So war das noch in meiner Ausbildung. Heute gibt es klare Kriterien von oben, an die man sich halten muss. Ich habe acht Frauen unter mir. Sachbearbeiterinnen, nicht mal alle Versicherungskaufleute. Ich muss sie bei Laune halten und antreiben. Das kostet mich alle Nerven. Am schlimmsten finde ich die Mitarbeitergespräche. Das finde ich eigentlich total peinlich.«

Jetzt kommt sie ins Reden.

»Ich fühle mich eigentlich den ganzen Tag fehl am Platze. Einerseits ist der Job nicht sehr anspruchsvoll, ich kann fachlich eigentlich viel mehr. Andererseits bin ich den ganzen Tag unter Strom. Fühle mich total verspannt. Am schlimmsten finde ich, dass ich eine bestimmte Anzahl Anträge ablehnen muss. Ich würde teilweise anders entscheiden, aber ich muss, die EDV gibt das vor, ich kann nicht selbst entscheiden.«

Ich mache sonst eigentlich überhaupt nichts mehr außer Familie und Job.

»Klingt gruselig.«

»Ja. Von wegen Traumjob. Ich glaube, bei Lichte betrachtet, ich will nicht Teamleiterin sein. Ich will auch nicht in der Leistungsabrechnung sein. Und ich will eigentlich überhaupt nicht in der Versicherung arbeiten.«

Oh, ein Déjà-vu. Ich muss an Victor denken und seinen Kampf mit den Werten, als er einen Job machte, den er gar nicht wollte.

»Und wissen Sie, was mich am meisten ankotzt?«, sagt sie laut, beinahe wütend.

»Was denn?«

»Ich mache sonst eigentlich überhaupt nichts mehr außer Familie und Job.«

›Eigentlich‹ scheint ihr Lieblingswort zu sein. »Freundinnen?«, werfe ich ein.

Sie schnaubt. »Ja. Freundinnen. Wie man das halt so sagt. Die definieren sich aber alle über ihre Kinder. Mein Sohn tut dies, meine Tochter das. Mein Sohn bringt soooo super Noten heim. Meine Tochter nimmt jetzt Reitstunden. Mein Sohn geht aufs Gymnasium. Meine Tochter macht einen Hochbegabtentest. Mein Sohn ...«, redet sie sich in Rage. »Ach, mich interessiert der ganze Klumpatsch nicht. Da geht's nur um Neid und Angeberei.« Sie macht eine wegwerfende Handbewegung. »Und alles indirekt über die Kinder. Außerdem hab ich ja gar keine Zeit mehr dafür.«

»Und heute?«, frage ich dazwischen.

»Heute?«

»Ja, heute haben Sie Zeit. Sie sitzen hier in meiner Bar und reden. Sie haben Zeit.«

Sie streicht sich mit der Hand die Haare aus der Stirn und sagt: »Heute habe ich frei, das stimmt. Mein Mann ist auf einer Fortbildung, meine Tochter ist für eine Woche bei der Oma im Bergischen Land. Es sind ja Ferien. Ja, und ich bin neulich an dieser Bar hier vorbeigelaufen und hab mir gedacht: Christine, du warst schon Jahre nicht mehr in einer Bar, und die sieht nett aus. Dazu lad ich mich ein. Gesagt, getan, heute lad ich mich in eine Bar ein.« Sie strahlt mich an.

»Bruno«, ich gebe ihr die Hand, »hallo, Christine.«

Sie greift lächelnd zu. »Angenehm. Darf ich noch mal von den verbotenen Früchten haben, bitte?«

Hm. Hinter der langweiligen Fassade

lauert eine interessante Frau. Aber warum macht sie denn nicht etwas völlig anderes, wenn sie den Job gar nicht mag? Das mit Spanien ist auch spannend, da ist irgendwas. Und das Thema Freundschaft. Hat sie denn gar keine einzige echte Freundin?

> Freunde sind wichtig. Es wird immer wieder unterschätzt, wie wichtig.

Freunde sind wichtig. Es wird immer wieder unterschätzt, wie wichtig.

Freundschaften bzw. generell der Austausch mit anderen, dieser Lebensbereich gehört zu den ersten, die heutzutage zwischen den Anforderungen von Beruf und Familie unter die Räder kommen. Schade!

Gerade in Lebenskrisen sind Freundschaften nämlich häufig der entscheidende Rettungsanker. Wenn es um langfristige Zufriedenheit, dauerhaftes

Glück, Krisenfestigkeit geht, haben von allen äußeren Faktoren gute Freundschaften mit den stärksten positiven Einfluss.

Die US-amerikanische Entwicklungspsychologin Emmy Werner untersuchte mit ihrem Team knapp 700 Kinder, die 1955 auf der Hawaii-Insel Kaua'i zur Welt gekommen waren, und zwar über vier Jahrzehnte hinweg. Diese berühmte Langzeitstudie zeigt unter anderem, dass es zahlreiche biologische, medizinische und soziale Risikofaktoren gibt, die dafür sorgen, dass Kinder später im Leben Probleme haben und ihr Potenzial nicht entwickeln. Zu diesen negativen Faktoren gehören Probleme bei der Geburt, Armut, Krankheit der Eltern, Misshandlungen, Vernachlässigung und mehr. Ungefähr ein Drittel der untersuchten Kinder gehörten in diese Gruppe der Benachteiligten.

Diese berühmte Langzeitstudie zeigt unter anderem, dass es zahlreiche biologische, medizinische und soziale Risikofaktoren gibt.

Sie hatten später weniger Erfolg im Leben, wurden häufiger straffällig, waren weniger gesund. Schlechtere Startbedingungen, schlechtere Ergebnisse. So weit ist die Studie noch nicht weiter überraschend. Emmy Werner nahm nun diese Gruppe der Benachteiligten genauer unter die Lupe. Und fand Erstaunliches heraus: Unter den benachteiligten Kindern gab es ungefähr ein Drittel, also zehn Prozent der gesamten untersuchten 700er-Gruppe, die trotz der schwierigen Verhältnisse, in denen sie aufwuchsen, keinerlei negative Auffälligkeiten hatten. Sie waren im Alter von 40 Jahren gesund, hatten ihren Bildungsweg mit Erfolg absolviert, waren nicht straffällig geworden, hatten Familien gegründet, waren erfolgreich in ihrem Beruf, zufrieden und glücklich. Damit hat Emmy Werner die Annahme widerlegt, dass ein Kind aus einer Hochrisikofamilie zwangsläufig die Probleme seiner Eltern wiederholt und es zu nichts bringen kann im Leben. Schwierige Verhältnisse sind seitdem kein Alibi mehr.

Die spannende Frage war: Was unterschied die Kinder, die es geschafft hatten, von denen, die im Leben versagten? Gibt es so etwas wie Schutzfaktoren? Die gibt es. Emmy Werner fand verschiedene individuelle und soziale Schutzfaktoren heraus. Der wichtigste: Die widerstandsfähigen Kinder, die so genannten »resilienten« Kinder, hatten mindestens eine stabile emotionale Beziehung außerhalb ihrer Kernfamilien. Außerhalb! Zum Beispiel die Großeltern, der Pfarrer, ein Nachbar, ein Lehrer, jedenfalls vertrauenswürdige Menschen, die den Kindern einen emotionalen Halt bieten konnten und gleichzeitig eine Chance, andere Rollenmuster zu erleben und auszuprobieren als die, die sie aus ihrer Familie kannten.

Pflege stabile soziale Bindungen außerhalb von Arbeit und Familie! Pflege Freundschaften!

Eine der für mich wichtigsten Schlussfolgerungen aus der Resilienzforschung ist: Pflege stabile soziale Bindungen außerhalb von Arbeit und Familie! Pflege Freundschaften! Such dir gute Freunde und sei selbst ein guter Freund. Wenn dieser Lebensbereich gut läuft, ist das eine wunderbare Chance, auch in den anderen Lebensbereichen klarzukommen und insgesamt zufriedener zu sein. Jedenfalls zufriedener als Señorita Christine.

»Ich war so ungefähr zwanzig, war mit Kumpels auf einer Party«, beginne ich zu erzählen, während ich ihren Fruchtsaftcocktail mixe. »Da sah ich diese Frau. Ich dachte nur: BOAAH! Mehr dachte ich wohl nicht, jedenfalls war ich augenblicklich unsterblich verliebt.«

Ja, solche Geschichten erinnern uns an unsere eigenen.

Sie hört mir zu und grinst von einem Ohr zum anderen. Ja, solche Geschichten erinnern uns an unsere eigenen.

»Sie war mit einem Typen da. Aber trotzdem, nach ein paar Wochen hatte ich es geschafft, und ich war mit ihr zusammen. Sie trank keinen Alkohol. Sie führte ein recht zurückgezogenes Leben bei ihren Eltern. Ging in die Kirche. Und da ließ ich mich, völlig fasziniert, voll mit reinziehen.«

Ich schaue kurz zu ihr rüber, während ich die Deko für ihren Cocktail baue, sie lauscht konzentriert, ich fahre fort: »Na, das hieß also, ich trank keinen Alkohol, verbrachte meine komplette Freizeit bei ihr und ihren Eltern, ging in die Kirche. Ging nicht mehr auf Partys. Vernachlässigte auch den Sport und vor allem die Kumpels. Stattdessen sah ich ihr zu, wie sie Pullover strickte.«

Nur: Waren es die richtigen Prioritäten?

»Na, das waren eben deine Prioritäten, oder?«, wirft Christine ein.

»Ja. Nur: Waren es die richtigen Prioritäten? Jedenfalls waren wir ein paar Wochen später zusammen auf einem Weinfest. Ausnahmsweise. Da waren auch meine alten Kumpels, für die ich monatelang kaum mehr sichtbar gewesen sein muss. Einer von denen sagte dann zu mir: Haste mal zwei Minuten Zeit? Lass uns mal da rübergehen, ich möchte dir was sagen, unter vier Augen. Wir gingen ein paar Schritte. Er sagte: Merkste nicht, was abgeht, Mann?! Er war total aufgewühlt. Ey, Mann, ich find das unerträglich! Was war denn das eben für 'ne Scheiße?! Du stehst ja total neben dir! Merkst du nicht, wie die Frau dich verändert?! Die Situation eben. Mich hat's fast zerrissen, Mann! Du stehst rum wie Falschgeld! Ist das noch der Bruno?! Wer bist du jetzt eigentlich?! Was macht denn die mit dir?! Und was lässt du da mit dir machen?! Es gehen nur noch Witze über dich rum! Mann, merkst du das nicht?! Du bist voll die Witzfigur!«

Was macht denn die mit dir?!

Und was lässt du da mit dir machen?!

»Oh, wow!«

»Ja, der hat mir richtig einen eingeschenkt.« Ich stelle ihr den Cocktail auf den Tresen.

»Danke. Und, haben Sie sich deshalb dann von ihr getrennt?«

»Nein. Nicht deshalb. Ich habe mich von ihr kurz darauf getrennt, weil ich unglücklich mit ihr war. Aber dass ich unglücklich war, das war mir gar nicht bewusst. Bis zu jenem Tag eben, als mein Freund auf der Kirmes Klartext mit mir geredet hat. Das hat mir die Augen geöffnet. Das hat mich bis ins Mark getroffen. Ein Schuss vor den Bug. Und das hat gewirkt. Ich weiß nicht, wie lange die Beziehung mit ihr sonst noch gedauert hätte. Nach dieser Kopfwäsche fragte ich mich: Was für eine Beziehung willst du? Was sind deine Lebensziele in Bezug auf den Bereich Liebe/Partnerschaft/Beziehungen? Und da wurde mir klar: Ich wollte nicht leben, als sei ich schon gestorben. Und das hieß: Diese Art von Beziehung konnte nicht mein Glück sein.«

Sie schaut mich groß an.

»Dieser Freund, ich bin ihm für ewig dankbar. Zuerst war ich bedröppelt wie ein begossener Pudel, dann sauer auf ihn, später nur noch dankbar. Ein paar

Ein Freund ist ein Typ, der dich mag, obwohl er dich kennt.

Monate später habe ich ihm das auch gesagt, habe mich bei ihm bedankt. So was, wie der mir eingeschenkt hat, will man natürlich nicht hören. Aber ich brauchte es offenbar.«

»Das war dann wohl ein echter Freund. Für ihn war das sicher auch nicht angenehm«, sagt sie.

»Ein Freund ist ein Typ, der dich mag, obwohl er dich kennt«, gebe ich eine Weisheit zum Besten und hebe die Augenbrauen.

»Schöne Geschichte«, sagt sie und streicht sich die Haare aus dem Gesicht. Dabei berührt sie wieder mit dem Mittelfinger kurz die Narbe, wie um zu prüfen, ob sie noch da ist.

Ich lege noch eine kleine Geschichte nach: »Oder vor einiger Zeit, da hatte ich Probleme. Job und Beziehung, beides stand auf der Kippe. Da kommt plötzlich eine SMS rein, von einem guten Freund: Denk gerade an dich. Wenn du jemand zum Quatschen brauchst, ruf an. – Das war wie Telepathie. Ich rief an. Er sagte: Warte, ich komm vorbei, bin in einer Stunde bei dir, ich muss noch eben die Termine für den Rest des Tages canceln. Wir trafen uns, dann redeten wir stundenlang.«

Jetzt kann sie nicht mehr anders, sie ist dran. Sie räuspert sich, holt Luft und sagt: »Ich hatte mal eine Freundin. Noch aus Bergisch Gladbach. Die mochte ich wirklich gern, wir waren wie Schwestern. Aber ich habe schon lange keinen Kontakt mehr zu ihr.«

Hm. Hut ab.
Die hat ihren Preis bezahlt.

»Wieso?«

»Ich bin damals in die Stadt gezogen, als ich aus Spanien zurück war und bei der Versicherung angefangen hatte. Sie hat gleichzeitig mit mir eine Ausbildung gemacht. Damals hatten wir noch viel Kontakt. Sie hat dann irgendwann gemerkt: Industriekauffrau? Das isses nicht. Sie war schon früh verheiratet und hatte ein Kind. Dann hat sie einen radikalen Cut gemacht. Gegen ihre Eltern opponiert, die Ausbildung geschmissen. Den Typen rausgeworfen. Sie ist ausgezogen und hat völlig auf eigene Faust angefangen zu studieren, als Alleinerziehende. Kein Geld, sie hat alle Brücken hinter sich eingerissen. Hat ihr Ding gemacht.«

»Hm. Hut ab. Die hat ihren Preis bezahlt«, werfe ich ein.

»Sie hat es einfach durchgezogen. Heute lebt sie in Frankreich, soweit ich weiß. Ist wohl neu verheiratet und hat noch mal ein Kind bekommen. Aber ich bekomme jetzt nichts mehr mit von ihr.«

»Schade.«

»Sie wollen jetzt sicher wissen, warum. Stimmt's? Ich weiß auch nicht, warum. Ich habe den Kontakt einschlafen lassen. Wahrscheinlich konnte ich es irgendwann nicht mehr ertragen, dass sie glücklich ist. Dass sie so mutig ist.«

Drüben bei den Sofas gibt es was zu tun, ich lasse Christine allein mit ihrem Fruchtcocktail und ihren trüben Gedanken an ihre ehemalige Freundin und kümmere mich um die wenigen Gäste. Victor und Sonja turteln wie jung Verliebte.

Zurück am Tresen frage ich Christine: »Eins interessiert mich: Was hätte Ihre ehemalige Freundin jetzt zu Ihrem Teamleiterjob gesagt?«

Sie hätte gesagt: Was machst du eigentlich für einen Scheiß!

Stille. Sie schaut an mir vorbei in den Spiegel an der Rückwand der Bar. Ich folge ihrem Blick: Da sitzt eine etwas unscheinbare, aber durchaus reizvolle Blondine, allein in einer Bar, vor sich einen alkoholfreien Cocktail, und macht sich Gedanken über ihr Leben. Ich vermute, das ist für sie eine völlig außergewöhnliche Situation, jedenfalls außerhalb ihres gewohnten Rahmens, und sie denkt gerade völlig neu.

Christine atmet lange durch die Nase ein. »Sie hätte gesagt: Was machst du eigentlich für einen Scheiß!« Sie holt noch mal tief Luft. Streicht sich mit der Hand über die Augen. »Sie hätte gesagt: Seit du den Job machst … seit du diesen Scheiß machst … seitdem bist du nicht mehr da … seitdem hörst du nicht mehr zu … seitdem …« Ihre Hände zittern, sie kämpft jetzt mit den Tränen. »Sie hätte gesagt: Du hast deine Träume verschenkt … du hast sie nicht mal teuer verkauft … du hast sie weggegeben … für einen Haufen Scheiße … Aber Hauptsache, gut versichert!«

Sie hätte gesagt: Du hast deine Träume verschenkt!

Ich greife nach dem Stapel Papierservietten, ihr kullern die Tränen über die Wangen. Sie wischt sich die Augen und verschmiert ihr Make-up, schnäuzt sich.

»Die letzte SMS, die ich bekommen habe, ging so: Bin krank, komme heute nicht. Von einer Mitarbeiterin.« Sie lacht bitter. »Oder nein, die letzte war von meinem Mann: Holst du Leonie ab oder ich?«

Ich gehe rüber zum Laptop

und klicke ein wenig darauf herum. Irgendwo habe ich doch was Passendes. Genau. Juan Serrano. Flamenco. Sevilla ist doch die Wiege des Flamencos. 1881 wurde in Sevilla die erste Flamenco-Bar überhaupt eröffnet. Ich passe die Lautstärke an und schaue kurz zu ihr rüber. Sie sammelt sich gerade wieder.

> Das Fremdbestimmte ist das, was Druck macht.

Das Fremdbestimmte ist das, was Druck macht. Selbstständige sind seltener krank als Angestellte. Obwohl sie deutlich mehr arbeiten. Warum? Weil sie zu einem höheren Prozentsatz das machen, was sie selbst wollen. Unter den Angestellten sind die Chefs seltener krank als die Leute in den unteren Ebenen. Aus demselben Grund. Der Grad an Selbstbestimmung wächst, je höher man kommt.

> Alle Welt denkt, dass die Gestressten und Unzufriedenen zu viel arbeiten müssen und zu wenig Entspannung haben. Das ist Quatsch.

Alle Welt denkt, dass die Gestressten und Unzufriedenen zu viel arbeiten müssen und zu wenig Entspannung haben. Das ist Quatsch. Es gibt gute Anspannung und schlechte Anspannung. So wie es gute Entspannung und schlechte Entspannung gibt. Schlechte Entspannung sind zum Beispiel die

212 Minuten Glotze, die wir Deutschen uns durchschnittlich täglich reinziehen. Zu viel Anspannung und zu wenig Entspannung? Das ist deutlich zu kurz gedacht.

Auch als Angestellter kann man sein Ding machen. Die Kunst besteht darin, die eigenen Ziele und die der Firma, für die man arbeitet, übereinanderzubekommen. Wenn das nicht passt, sollte man schleunigst etwas verändern. Verträge kann man kündigen. Kein Geld der Welt ist es wert, seine Gesundheit zu opfern. Und die geht kaputt, wenn der Grad an fremdbestimmter Anspannung zu groß wird. Es gibt keinen, der heutzutage gezwungen ist, irgendeinen

Friedrich Nietzsche: Wer ein Warum im Leben kennt, erträgt fast jedes Wie.

öden Job zu machen, nur um die Miete zu bezahlen. Wir haben die Freiheit, uns einen neuen Job zu suchen. Und ja, das ist Luxus. Aber wir leben hier im Luxus, machen wir uns doch nichts vor.

Ich meine jetzt nicht die paar Millionen Leute ohne Job, die Transferleistungen vom Staat beziehen. Die haben noch mal ein ganz anderes Problem. Die haben in erster Linie nicht zu wenig oder zu viel Geld, sondern fühlen sich stigmatisiert und ausgeschlossen. Die haben keine Aufgabe, fühlen sich nicht gebraucht. Deren Problem ist weder, dass es zu wenig Arbeitsplätze gibt, wie die einen sagen, noch, dass sie schlicht faul sind, wie die anderen sagen. Beides ist nicht wahr. Arbeitsplätze entstehen dort, wo gearbeitet wird. Das ist kein Verteilungskuchen, der zu klein geraten ist, so dass ein paar Deppen übrig bleiben wie bei der Reise nach Jerusalem. Wer den Arbeitslosen und Hartz-IV-Empfängern das einredet, untergräbt ihr kleines Selbstwertgefühl noch weiter. Das ist genauso perfide wie der Versuch, ihnen Faulheit und Schmarotzertum einzureden. Die paar Prozent echte Schmarotzer finden sich unter den Angestellten genauso wie unter den Arbeitslosen.

Das ist nicht das Problem. So einfach ist das Thema nicht. Was diese Leute bräuchten, wäre das Gefühl, einen wertvollen Beitrag leisten zu können. Selbstwert kann man aber nur langsam aufbauen. Ein Weg dahin ist zum Beispiel eine ehrenamtliche Arbeit. Ob für einen oder null Euro, ganz egal. Geld ist nicht das Thema. Etwas Wichtiges tun zu können, für das jemand anderes dankbar ist, das wäre ein Weg, der vielen Hartz-IV-Leuten aus der Abwärtsspirale heraushelfen könnte. Aber das passt in keine der gängigen politischen Ideologien.

Es geht letztlich immer um den Sinn der Arbeit. Es gilt auch: In jedem Job kann man Sinn finden. Aus einem öden Job kann mit der richtigen Haltung eine Berufung werden. Wenn ich einverstanden bin mit dem Wozu, kann ich auch als Reinigungskraft oder Hausmeister in meiner Arbeit aufgehen. Friedrich Nietzsche: Wer ein Warum im Leben kennt, erträgt fast jedes Wie.

Um etwas ändern zu können, muss man seine Ziele kennen. Nur dann nimmt man die Abweichung zwischen Ist und Soll wahr.

Was sind eigentlich Stressoren? Fest steht, dass es für jeden andere sind. Für mich ist es zum Beispiel das Autofahren, insbesondere wenn ich im Stau stehe. Das macht mich verrückt. Aber man kann ja Konsequenzen ziehen. Wer hat gesagt, dass ich Autofahren muss? Ich selbst habe es nicht gesagt. Also kaufe ich seit Jahren die Bahncard 100 und fahre alles, was nur geht, mit der Bahn. Damit geht's mir besser. Sie haben viel mehr Möglichkeiten, die Dinge zu ändern, als Sie glauben. Fragt sich nur, ob Sie erst an den Punkt kommen müssen, wo Sie zusammenklappen, oder ob Sie auch schon vorher etwas ändern können.

Um etwas ändern zu können, muss man seine Ziele kennen. Nur dann nimmt man die Abweichung zwischen Ist und Soll wahr. Es braucht ein paar übergeordnete Ziele. Ich nenne das Leitbild. Andere nennen das Vision. Wichtig ist: Nicht nur die beruflichen Ziele sollten da drinstehen. Auch die Ziele hinsichtlich Ihrer Beziehungen. Denn das sind genau die, die bei den meisten Menschen viel zu kurz kommen.

Erich Fromm sagte einmal sinngemäß: Wenn das Leben keine Vision hat, nach der man strebt, nach der man sich sehnt, die man verwirklichen möchte, dann gibt es auch kein Motiv, sich anzustrengen.

Oder anders gesagt: dann wird alles furchtbar anstrengend.

»Wer hat gesagt, dass Sie Versicherungskauffrau werden sollen?«, frage ich Christine, die der Flamenco-Gitarre lauscht.

»Niemand.« Sie hat jetzt wieder Farbe im Gesicht, nicht nur weil die Schminke verwischt ist. Und sie sieht dadurch viel jünger aus. »Mein Onkel war bei der Versicherung. Er hat mir den Ausbildungsplatz organisiert. Es hat sich angeboten.«

Sie schaut mich an wie ein Opel.

»Wozu? Was ist der Sinn für Sie?«, frage ich weiter.

»Ich versteh nicht.«

»Na, ich meine, ich kenne den Job ja nicht, ich weiß nicht, warum jemand in der Leistungsabrechnung eines Versicherungskonzerns arbeiten will.« Ich gestikuliere mit der Hand und stemme die andere in die Seite. »Sie haben es sich ja rausgesucht. Also können Sie mir vielleicht erklären, zu welchem Zweck man das macht.«

Sie schaut mich an wie ein Opel.

Ich mache offenbar einen völlig sinnlosen Job.

Ich sage: »Na ja, vielleicht haben Sie sich zum Ziel gesetzt, dass die Menschen nachts besser schlafen können sollen, weil Sie einen Beitrag dazu leisten, dass sie abgesichert sind, oder so.«

Sie lacht prustend und hält sich die Hand vor den Mund. »Ich sollte mich erst mal darum kümmern, dass ich selber besser schlafe. Das ist nämlich eines meiner Probleme. Nein, sorry, ein Sinnangebot habe ich nicht zu bieten, ich mache offenbar einen völlig sinnlosen Job, jedenfalls soweit ich das erkennen kann. Ziemlich blöde, was?«

Ich stemme auch die andere Hand in die Seite, presse die Lippen aufeinander, ziehe die Augenbrauen hoch und schaue sie an. Und nicke zustimmend.

»Oh, Mann. Herzlichen Dank«, lamentiert sie sarkastisch. »Das ist ja der Abend der Abrechnung, hier. Meine beste Freundin habe ich aus meinem Leben rausgeschmissen, den falschen Job habe ich angefangen, mein Leben ist so langweilig, dass es weh tut. Hey, Mann, machen Sie das mit allen Ihren Gästen? Kein Wunder, dass es hier so leer ist!«

Sagen Sie stopp, wenn es genug ist!

Ich setze mich lachend seitlich auf die Arbeitsfläche und antworte: »Nein, das mache ich nicht mit allen Gästen. Und nein, es ist leer, weil heute Mittwoch ist. Und ja, das ist der Abend der Abrechnung für Sie. Sagen Sie stopp, wenn es genug ist!« Ich schaue sie fragend an. »Noch nicht genug? Also weiter ...«

»Ooooh, Moment. Ich muss mich erst wieder herrichten. Bin gleich wieder da.« Sie steht auf, nimmt ihre Tasche und geht zur Toilette.

Zwischenzeitlich versorge ich alle Gäste mit Chips und sehe nach dem Rechten. Derweil klimpert sich Juan Serrano im Hintergrund die Finger wund.

Als sie wieder da ist, bin ich überrascht. »Oh, guten Abend!« Sie hat sich komplett abgeschminkt. Und sie ist richtig hübsch. Uma Thurman. Jetzt weiß ich, an wen sie mich erinnert.

Ich erzähle was und dann frage ich was. Bereit?

»Guten Abend.« Sie setzt sich, ihre Wangen sind leicht gerötet, sie streicht sich die Haare aus dem Gesicht, berührt mit dem Finger die Narbe, die jetzt deutlich sichtbar ist. »Ich bin so weit. Wie geht's weiter?«

»Okay. Ich erzähle was und dann frage ich was. Bereit?«

»Bereit.«

»Also. Mein bester Schulfreund lebt heute in der Schweiz. Wir hatten jahrelang nur sporadischen Kontakt, emotional war er mir zeitweise gar nicht so nahe. Aber er war konstant immer da. Wir haben uns vielleicht einmal im Jahr gesehen. Ab und zu half er mir mit ein paar Tipps. Und vor ein paar Jahren, als es mir mal so richtig schlecht ging, da war er einer derjenigen, die auf der Matte standen, bereit, etwas für mich zu tun.«

Sie futtert wieder Deko. Ich erzähle weiter: »Er hat so eine Rama-Frühstücks-Musterfamilie, wo alles in bester Ordnung ist, zwei supersüße kleine Töchter. Aber dann hat's plötzlich bei ihm reingehagelt. Vor drei Jahren. Da stand sein Leben auf der Kippe. Sein Arzt eröffnete ihm: Du brauchst eine Leberspende. Und zwar innerhalb eines halben Jahres. Sonst bist du tot.«

Ich mache eine Pause, rutsche von der Arbeitsfläche runter und stütze mich mit beiden Händen an der Kante auf. »Es ging darum, schnell die richtige Leber zu finden. Die Spende kommt dabei von einem lebenden Spender, da

Sie sitzt ganz still da und schaut auf ihren Drink.

wird ein Stück entnommen und verpflanzt, Lebergewebe regeneriert sehr schnell und wächst nach. Aber genau das ist in Deutschland das Problem. Einen lebenden Spender zu finden ist fast noch schwieriger als einen toten mit Organspendeausweis. Es gibt Risiken für den Spender, möglicherweise Komplikationen und rein kosmetisch gibt's eine hässliche Narbe. Und es geht einem ein paar Monate ziemlich dreckig, man ist außer Gefecht und kann nicht arbeiten.«

Sie sitzt ganz still da und schaut auf ihren Drink.

Ich fahre fort: »Es ging darum, die richtige Blutgruppe zu finden, in der Familie und im Freundeskreis. Er hatte alle seine Freunde angesprochen. Bei zweien passte die Blutgruppe. Einer davon war ich.«

Sie schaut hoch. »Ich habe ihm gesagt: Ich mache es. Habe mit meiner Frau gesprochen, denn ich hatte ja selber ein kleines Kind zu Hause. Aber wir waren uns einig. Außerdem waren noch zwei mögliche Spender aus der Familie da. Ich war also einer von vier Kandidaten. Dann ging es ans Durchchecken. Es kommt nämlich nicht nur auf die Blutgruppe an. Ich bin noch nie so gründlich untersucht worden wie damals.«

> Wenn du mal einen Freund brauchst, kommt es darauf an, ob du selbst die Jahre zuvor ein Freund warst.

Ich schaue zum Fenster rüber, die Straßen sind fast leer. »Ein Verwandter ist schließlich abgesprungen. Er hat gemerkt, dass ihm das Risiko zu groß ist. Die Liste der möglichen Spender hat sich dann immer weiter reduziert, und am Schluss war ich der einzige. Einige Tage nach der letzten Untersuchung bekam ich einen Anruf vom Arzt, ich war gerade beruflich unterwegs, in einem Seminarhaus. Mein Blutgerinnungsfaktor würde nicht passen, ich war raus. Auch ich. Feierabend. Keine Rettungsaktion. Ich saß auf dem Bett und habe nur noch geheult.«

»Und dann? Ist er gestorben?«, fragt sie leise.

»Am Ende ging nichts anderes, sie haben es dann mit seiner Frau gemacht. Da hatte es nicht genau gepasst, aber es gab keine andere Wahl. Die Zeit lief ab. Es gab dann wie erwartet Komplikationen. Bei beiden. Zwei schlimme Jahre lang. Reha, Krankenhaus, Reha, Krankenhaus, es war heftig für die beiden. Aber langsam kamen sie wieder in Schwung. Bei ihr ging es recht schnell aufwärts, aber er hatte immer wieder Rückschläge. Er machte seinen alten Job in Teilzeit, musste zwischendurch aber ein paarmal in die Notaufnahme, immer mit der Angst, dass er nicht mehr lebend rauskommt. Vor einem Jahr haben sie im Krankenhaus dann irgendetwas gefunden, das sie reparieren konnten, seitdem geht's ihm deutlich besser.«

»Das ist ja eine furchtbare Tortur. Mannomann.« Sie schüttelt den Kopf. Ist völlig erschüttert und sieht mich bewundernd an. Das ist mir peinlich. Ich sage: »Das ist keine Heldengeschichte oder so. Was ich damit sagen will: In einer Zeit, wo ich wirklich Unterstützung brauchte, war er mir ein wahrer, echter Freund. Also war es für mich klar, das umgekehrt genauso zu handhaben. Eigentlich war er es, der über die Jahre in unsere Freundschaft investiert hatte. Das Beziehungskonto war gut gefüllt, die meisten Einzahlungen stammten von ihm. Darum war es keine allzu große Sache, sondern hat sich für mich normal angefühlt, für ihn etwas zu riskieren. Er ist einfach verdammt gut im Führen von Beziehungen. Darin ein echtes Vorbild. Kein Wunder, dass er so eine Traumfamilie hat.«

Ich gieße mir ein Mineralwasser ein und nehme einen Schluck. Sie hat noch einen Rest Fruchtcocktail in ihrem Glas.

»Wenn du mal einen Freund brauchst, kommt es darauf an, ob du selbst die Jahre zuvor ein Freund warst. Das habe ich von ihm gelernt. So einfach. Noch mal einen Cocktail?«

Sie schüttelt den Kopf. »Das war die Geschichte. Und die Frage?«

»Ganz einfach. Wem sind Sie eine Freundin? Auf welches Konto zahlen Sie ein?«

Das mit dem Beziehungskonto

ist eine hilfreiche Metapher. Sie hilft zum Beispiel dabei, nicht wie eine beleidigte Leberwurst zu reagieren, wenn mich jemand enttäuscht. In den meisten Fällen läuft das so, dass beide Seiten genügend Gründe finden, die Schuld auf den anderen zu schieben. Es wird erwartet, dass der jeweils andere den ersten Schritt tut, um die Beziehung wieder in Ordnung zu bringen. Und dann gehen sich beide aus dem Weg. So geht die Beziehung unter. Reichlich blöd. Denn bei Lichte betrachtet, geht es ursächlich oft nur um Kleinigkeiten.

> Das Konto steht im Minus. Ich muss was tun.

Konstruktiver ist es, einfach mal festzustellen: Das Konto steht im Minus. Ich muss was tun. Dazu gehört, den Mut zu haben, auf den anderen zuzugehen, um ihn verstehen zu wollen. Nicht um ihm eins vor den Koffer zu knallen. Sondern ehrlich verstehen. Es gibt nämlich immer gute Gründe für Abbuchungen von Beziehungskonten. Vielleicht habe ja ich selbst was falsch gemacht, ohne es zu merken?

Wenn mein Eindruck wäre, unser gemeinsames Konto würde nicht gut stehen, dann würde ich mich zuerst fragen: Ist mir das egal oder ist mir die Beziehung zu Ihnen wichtig? Wenn es mir egal wäre, würde ich für einen sauberen Abschluss sorgen. Wenn es mir wichtig wäre, würde ich sagen: Unsere Beziehung steht gerade nicht gut. Das ist mein subjektiver Eindruck. Ich will das mit Ihnen besprechen, denn ich will das wieder ins Plus drehen. Mir liegt etwas an unserer Beziehung. Ich habe keine Ahnung, wo die Schieflage herkommt. Vielleicht habe ich etwas verbockt. Das würde ich gerne wissen. Was ist los?

> Die Wahrnehmung einer Beziehung ist abhängig vom Kontostand.

Wenn ich tatsächlich was verbockt habe, frage ich: Wie kann ich wieder etwas einzahlen, was kann ich tun, was wünschen Sie sich von mir? Und natürlich bitte ich um Verzeihung. Vielleicht ist es noch zu kitten. Manchmal braucht es Zeit.

Das Entscheidende beim Beziehungskonto, das man verstehen muss: Der Einzige, der darüber entscheidet, ob eine Einzahlung eine Einzahlung ist, ist der Empfänger. Wenn ich dem anderen eine Freude gemacht habe: Ist das für den anderen auch wirklich eine Freude? Das muss man checken. Wie? Ganz einfach: nachfragen.

Neulich hat mir jemand eine Geschichte erzählt, die hierzu passt. Er war von seinen Chefs zum Essen eingeladen worden, zusammen mit einem Kollegen, weil sie beide schon zehn Jahre im Betrieb waren, einem mittelständischen Unternehmen. Die drei Geschäftsführer haben sich nicht lumpen lassen und die beiden in ein Sternelokal eingeladen, vom Allerfeinsten. Eine nette Geste, oder? Die Realität sah dann so aus: Die drei Geschäftsführer unterhielten sich bei Tisch über Strategiethemen, die beiden Angestellten saßen rum wie bestellt und nicht abgeholt. Der Mann erzählte mir, wie peinlich er sich in dieser Runde gefühlt habe und dann gedacht habe: Wessen Geld geben die Geschäftsführer eigentlich gerade mit vollen Händen aus?

Das Beziehungskonto zwischen den Geschäftsführern und den beiden langjährigen Angestellten war im Grunde schon vorher auf Nulllinie. Abgeräumt bis auf den letzten Taler. Die Bosse dachten eigentlich, sie tun was Gutes. Aber die Wahrnehmung einer Beziehung ist abhängig vom Kontostand.

Wenn ein Konto gut gefüllt ist, dann ist ein Blumenstrauß ganz nett. Wenn es dann auch noch die richtigen Blumen sind und selbst besorgt statt von der Sekretärin ... Wenn das Konto aber in den Miesen steht und man überreicht dann einen tollen Blumenstrauß, kann das Skepsis auslösen: Was soll das? Ist das eine taktische Einzahlung? Ist das ehrlich gemeint?

Sorgen Sie dafür, dass alle Ihre wichtigen Konten immer im Plus stehen.

Also: Sorgen Sie dafür, dass alle Ihre wichtigen Konten immer im Plus stehen. Holen Sie sich immer wieder frische Kontoauszüge. Dazu müssen Sie natürlich wissen, um welche Konten es dabei überhaupt geht. Wissen Sie, wer Ihre zwei, drei, vier, fünf wichtigsten Freunde sind? Auf die kommt es an. Wie stehen da Soll und Haben? Und auch geschäftlich: Was sind Ihre wichtigsten 20 bis 25 Kontakte? Darunter die drei, vier strategischen? Diese Konten müssen immer gut gefüllt sein. Ich habe Listen von beiden. Und die checke ich am Monatsende. Wenn ich Einzahlungen brauche, schreibe ich das als Aufgaben in meinen Kalender, mit Termin: Mail schicken, anrufen, Postkarte, was auch immer. Jedenfalls: einzahlen. Wenn man den Kontakt mal braucht, ist es zu spät zum Investieren. Und das ist gar keine Frage von Kalkül. Es geht darum, das Führen von Freundschaften mitzuorganisieren. Sonst landet es nämlich im Alltagstrubel unterm Teppich.

Und wenn ein Konto in den roten Zahlen steht: Hosen runter. Hallo, ich denke, ich habe Mist gebaut. Ich will reden. Ansprechen. Klären.

»Vor fünfzehn Jahren war ich zuletzt eine Freundin«, sagt Christine mit Grabesstimme.

Vor fünfzehn Jahren? Spanien! Das ist die Spur. Ich muss sie aus ihrem Tief herausholen. Ich gehe zum Laptop und klicke auf ein anderes Stück. Tango. Ich schiebe den Lautstärkeregler hoch, gehe um den Tresen und reiche ihr die

Hand. Dabei stehe ich aufrecht, klemme die Hacken zusammen, drücke die Brust raus und lege auffordernd den Kopf schief. »Bailar?«

Da ist es wieder, ihr Strahlen. Sie rutscht vom Hocker runter, ich schnappe sie mir und tue so, als ob ich Tango tanzen könnte. Sie kann es genauso schlecht wie ich, aber wir wissen beide, wie es ungefähr aussehen müsste. Wir schieben und stolpern uns durch den Raum und ziehen eine Show ab. Ich spiele den todernsten Blick, sie kriegt sich kaum mehr ein vor Lachen. Sie kann herrlich albern sein. Ich schleife sie noch ein paarmal durch die Kurven, sie ist leichter, als ich dachte, dann endet das Stück, wir machen eine theatralische Abschlussgeste. Beifall brandet auf. Naja, so wie es eben branden kann, wenn vier anwesende Leute klatschen. Alle in der Jangada Bar Versprengten schauen zu uns rüber, Victor ruft: »Olé!«

Ich geleite sie wieder zum Tresen. Sie lacht noch immer, bekommt kaum Luft. »Hombre, wolltest du mich umbringen, oder was?« Sie fächelt sich mit der Hand Luft zu, ihr Gesicht ist ganz rot geworden, die Narbe leuchtet.

Ich frage sie endlich: »Was ist mit der Narbe? Wie ist das passiert?«

Sie setzt sich auf ihren Hocker, schlürft den letzten Schluck durch den Trinkhalm, schaut ins leere Glas, kommt zu Atem und lächelt, während sie erzählt: »Als ich in Sevilla war, habe ich einen Torero kennengelernt. Das ist jetzt kein Witz, ein echter Stierkämpfer. Er ist heute nicht mehr aktiv, jedenfalls habe ich im Internet nichts mehr über ihn gefunden.«

Ihre wunderschönen Augen leuchten, während sie erzählt.

»Sie suchen heute noch im Internet nach ihm? Nach fünfzehn Jahren? Oh!« Ich stehe wieder hinter dem Tresen und mixe ihr schon mal den nächsten Forbidden Fruits.

»Ja. Und zwar heimlich. Ich habe meinem Mann nie von ihm erzählt. Es war die schönste Zeit meines Lebens.«

»Die große Liebe?«

»Mhm«, nickt sie und presst die Lippen aufeinander. Während sie weiterspricht, legt sie die Fingerspitzen ihrer rechten Hand auf die Narbe. »Er war schon als Jugendlicher in der königlichen Stierkampfschule von Sevilla. Er war voller Narben. Ich war oft mit ihm auf der Weide. Die Stiere waren sanfte Riesen da draußen. Er hat sie geliebt. Klingt komisch, denn er hat sie ja in der Arena auch getötet. Aber wenn man das nur unter Tierschutzaspekten betrachtet, kann man den Stierkampf nicht verstehen. Er hat mir alles gezeigt. Ich war so oft mit ihm zusammen, wie es neben dem Job nur ging. Ich bin sogar beim Trainieren dabei gewesen, er hat mich vor sich mit einem Arm festgehalten, mit dem anderen hat er das Tuch geschwungen. Wenn der Stier zustoßen wollte, hat er mich auf die Seite gewirbelt. Er war unglaublich stark.«

Ihre wunderschönen Augen leuchten, während sie erzählt. Ich bin ganz still.

»Einmal sind wir gestolpert. So wie wir beiden gerade beim Tango!« Sie lacht und deutet mit dem Arm hinter sich auf unsere Tanzfläche von eben. »Der Stier hatte die Hörner gesenkt und stürmte auf uns zu, und ich habe mich ungeschickt bewegt, vermutlich hatte ich zu viel Angst. Jedenfalls erwischte uns der Stier. Gott sei Dank nicht schlimm. Ich knallte mit dem Gesicht irgendwo gegen, ich weiß gar nicht, ob gegen den Stier oder gegen Javier oder gegen die Bande. Ich weiß von dem Zusammenprall bis heute nichts. Javier hatte eine Fleischwunde am Oberschenkel, ich hatte diesen Cut im Gesicht. Die Helfer waren sofort zur Stelle und lenkten den Stier ab. Nachdem wir beide in der Maestranza vom Arzt genäht waren, nahm er mich auf den Arm und trug mich humpelnd zu sich nach Hause. Die Leute müssen geguckt haben. Wir haben es überhaupt nicht gemerkt. Und bei ihm zu Hause ...« Ihre Stimme stockt. Sie hält die Hand vor den Mund.

Au weia. Das ist was Ernstes. Kein Wunder, dass ihr Leben seitdem nicht mehr gelingen will. Vielleicht hat sie den einen geliebt und den anderen geheiratet. Da würde es ihr gehen wie so vielen, jedenfalls mehr, als man denkt.

Au weia. Das ist was Ernstes. Kein Wunder, dass ihr Leben seitdem nicht mehr gelingen will.

»Warum sind Sie zurückgekommen? Warum leben Sie heute nicht in Sevilla?«

Sie schüttelt den Kopf.

»Haben Sie ihn verlassen?«

Sie nickt.

Ich stelle ihr das neue Glas hin,

lasse sie mit ihren Gedanken allein, gehe rüber zum Laptop und klicke ein wenig darauf herum. Der Laserdrucker im Hinterzimmer surrt. Ich gehe nach hinten und hole die bedruckten Blätter, schaue noch mal drüber. Dann gehe ich wieder zu ihr, setze mich mit einer Pobacke auf die Arbeitsfläche und sehe sie an. Sie ist völlig verheult, die Augen ganz rot, die Nase läuft. Die Mundwinkel hat sie bitterlich nach unten gezogen. Endlich kommt alles raus. Wahrscheinlich hat sich das jahrelang angestaut, ohne jedes Ventil. Ich lasse sie noch eine Weile weinen. Als sie aufhört zu schluchzen, sage ich: »Ich weiß ja nicht, warum Sie ihn verlassen haben. Aber egal, ich möchte gerne 170 Euro von Ihnen. Haben Sie so viel dabei?«

»Was?!« Sie schreckt hoch und starrt mich völlig verstört an.

»170 Euro. Und Sie müssen dann auch bitte so langsam gehen, Sie müssen früh aufstehen morgen.«

»Was?! Moment. Sind Sie jetzt durchgeknallt oder was?« Ihre Augen verengen sich zu schmalen Schlitzen. Ui, da ist Temperament dahinter.

Ich schaue auf das erste Blatt des kleinen Stapels, den ich in der Hand halte. »Na, Ihr Flieger geht morgen Vormittag um 11:00.« Ich schaue sie an, als ob das das Normalste von der Welt wäre. »Um 10:00 müssen Sie am Flughafen sein, dann haben Sie noch Puffer. Hier ist Ihr Ticket. Inklusive Bordkarte. Sie brauchen nicht mal einzuchecken. Geht heute ja alles per Internet. Habe ich gerade rausgelassen. Aber Kofferpacken müssen Sie noch.« Ich reiche ihr die Blätter.

Sie überfliegt das Ticket. Sevilla.

»Ist ein One-Way-Ticket. Den Rückflug müssen Sie da unten selber buchen, ich weiß ja nicht, wann Sie wieder zurückmüssen. Ich meine: -wollen. Wann Sie wieder zurückfliegen wollen. Aber das wissen Sie vielleicht auch erst, wenn Sie in Sevilla sind. Vielleicht wollen Sie ja auch direkt weiter nach Frankreich fliegen ...«

Endlich kommt alles raus. Wahrscheinlich hat sich das jahrelang angestaut, ohne jedes Ventil.

»Aber ich kann doch nicht ...«

»Doch. Ihre Tochter ist versorgt, Ihr Mann auch. Im Job geben Sie Bescheid, Sie nehmen Urlaub. Doch, Sie haben Zeit. Sie fliegen.«

»Aber ...«

»Ich gebe Ihnen die Erlaubnis. Ihrer Tochter zuliebe. Und Ihrem Mann zuliebe. Sie haben den beiden Ihr Bestes bislang vorenthalten. Das ist nämlich in Spanien hängen geblieben, vor fünfzehn Jahren. Holen Sie sich das wieder. Sie dürfen das«, sage ich ernst. Ich beuge mich vor und lege meine Hand auf ihre Hand, die ganz heiß ist, schaue ihr in die grünen Augen: »Ich erlaube es Ihnen, Sie fliegen!«

Ihrer Tochter zuliebe. Und Ihrem Mann zuliebe. Sie haben den beiden Ihr Bestes bislang vorenthalten.

»Aber er hat doch mit Sicherheit mittlerweile zwölf Kinder mit einer Spanierin! Oh Gott!«

»Na und? Darum geht's doch gar nicht. Sie sollen ihn ja nicht heiraten. Sie sollen dem armen Mann nur erklären, warum Sie ihn verlassen haben! So, und jetzt fassen Sie sich mal ein Herz! Einem Stier können Sie entgegentreten. Dann können Sie das hier auch. Auf geht's! Her mit der Kohle!« Ich spiele den Strengen.

Sie herzloser, komischer, therapeutischer, mixender … lieber … Barkeeper!

Sie blinzelt mich verlegen an, ein Mundwinkel zuckt nach oben. »Sie herzloser, komischer, therapeutischer, mixender … lieber … Barkeeper! In was bin ich hier bloß reingeraten?« Sie schaut sich um wie Alice im Wunderland. »Moment.« Sie legt die Blätter auf den Tresen, kramt in ihrer Tasche, holt den Geldbeutel heraus, legt vier 50-Euro-Scheine auf den Tresen. »Stimmt so.« Beugt sich vor, über den Tresen, legt eine Hand auf meine Schulter, küsst mich auf die Wange und sagt leise: »Danke für den Tanz, Torero. Jetzt darfst du mir die Ohren abschneiden, das ist so Brauch.«

Sie sammelt ihre Sachen ein, faltet die Blätter einmal in der Mitte und steckt sie in ihre Tasche, rutscht vom Hocker und geht.

»Adiós, Señorita.«

Kurz nachdem sie gegangen ist,

kommt Victor mit seiner Frau an die Bar. »Mann, du kannst es einfach nicht lassen, was?«, sagt er grinsend.

Ich schüttle den Kopf. »Nein.« Dann strecke ich beide Fäuste in die Luft: »Jjjjjaaaa!« Ob ich bald eine Postkarte aus Spanien bekomme?

Ich schaue die beiden an, sie strahlen zurück.

»Wollt ihr beiden noch was trinken?«

Nachwort
Mach's gut!

Erfolg oder Glück? Beides.

Ich habe den Boden bearbeitet, die Reben geschnitten, ich war beim Pflügen dabei, bei der Lese. Ich habe gefroren und mir Blasen an den Händen geholt. Vor einem Jahr stand ich im Hang und habe an die Oscar-Verleihung gedacht. Jetzt stehe ich im Keller, befestige Korken mit Draht und klebe Etiketten auf die Flaschen.

Ich bin unglaublich stolz. Hier ist das Ergebnis all der Mühen. Hier ist das Endprodukt. Mehr Qualität in der Flasche wollte ich haben, dafür weniger Flaschen. Ich denke, das hat hingehauen. Es war ein gutes Jahr. Nicht alles ist mir gelungen, wenn ich zurückblicke. Aber viel Gutes war dabei. Ich habe mein Ding gemacht und alles gegeben.

Eine Flasche lege ich gleich zur Seite. Wenn ich fertig bin, nehme ich die mit in die Jangada Bar. Denn heute Abend werde ich wieder hinterm Tresen stehen. Und vielleicht gibt es einen gebührenden Anlass, die Flasche zu öffnen.

Lieblingsbücher

Hier meine kleine, sehr subjektive Auswahl aus einer Vielzahl guter Ratgeber- und Sachbücher zu den Themen, die in diesem Buch angesprochen werden.

Stephen R. Covey
Die sieben Wege zur Effektivität
Prinzipien für persönlichen und beruflichen Erfolg
Das wichtigste Buch meines Lebens. Habe ich vor 12 Jahren im Krankenhaus liegend gelesen und sofort entscheidende Änderungen in meinem Leben vorgenommen. Hier steht alles drin, was man braucht – und was es zu tun gilt –, um aus seinem Leben ein »Meisterwerk« zu machen.

Björn Süfke
Männerseelen
Ein psychologischer Reiseführer
Geheimtipp für die vielen Frauen, die Männer wirklich verstehen wollen. Und für die wenigen Männer, die sich selbst – und auch ihre Macken – verstehen wollen. Viele Aha-Effekte, frei von den typischen Männer-Klischees ... und sehr erkenntnisreich. Absolut empfehlenswert.

Stefan Klein
Die Glücksformel
Oder wie die guten Gefühle entstehen
Ein hochdekorierter Wissenschaftsjournalist enträtselt in einer faszinierenden Reportage das große Geheimnis »Glück«. Tolles Grundlagenbuch! Es gibt auch eine Kurzfassung des Buchs: Einfach glücklich: Die Glücksformel für jeden Tag.

Eckart von Hirschhausen
Glück kommt selten allein
Ein absoluter Bestseller, weil Hirschhausen die Erkenntnisse aus Psychologie, Hirn- und Glücksforschung auf sehr abwechslungsreiche, kurzweilige, humorvolle und inspirierende Art präsentiert. So macht Lesen und Lernen Spaß.

Gerhard Huhn, Hendrik Backerra

Selbstmotivation

Flow – Statt Stress oder Langeweile

Ein echtes Arbeitsbuch. Es basiert auf dem Flow-Modell von Csikszentmihalyi, erweitert dieses jedoch um die entscheidende dritte Dimension: Werte, Wünsche und Ziele. Anstrengend – und lohnenswert!

Reinhard K. Sprenger

Die Entscheidung liegt bei dir!

Wege aus der alltäglichen Unzufriedenheit

Raus aus dem Jammertal, raus aus der Opferrolle. Dieses Buch ist Sprengers Hausgebrauch-Variante zu seinem Management-Bestseller »Das Prinzip Selbstverantwortung«. Ich finde seinen Schreibstil großartig. Zugespitzt, provozierend, penetrant, erbarmungslos, aufrüttelnd ... und voll auf den Punkt.

Gerhard Roth

Aus Sicht des Gehirns

In diesem Buch hat Roth – einer der bekanntesten Neurologen in Europa – die wichtigsten Aspekte seiner Forschungstätigkeit in für Laien verständlicher Form aufbereitet. Ich kenne kein Buch mit einer solch kompakten, verständlichen und präzisen Einführung in die Hirnforschung.

Lars Baus

E-Mail-Flut statt Büffeljagd

Das Anti-Stress-Buch für Vielbeschäftigte

Endlich mal ein Anti-Stress-Buch, das den Leser abholt und ihm nicht gleich schon wieder neuen Stress aufbrummt. Mit vielen guten Methoden, die helfen, Stress zu erkennen, zu verstehen und gezielt abzubauen. Mit stimmungsvollen Fotografien des Autors ein echtes Lesevergnügen und ein wichtiges Buch.

Gerd Gigerenzer

Bauchentscheidungen

Die Intelligenz des Unbewussten und die Macht der Intuition

Gerd Gigerenzer ist Direktor am Max-Plack-Institut für Bildungsforschung in Berlin und gibt in diesem Buch einen wunderbaren Überblick zum Stand der Entscheidungsforschung. Gut geschrieben und mit vielen Beispielen ausgestattet erklärt Gigerenzer die komplizierte Materie der Intelligenz des Unbewussten und die Macht der Intuition auch für einen psychologischen Laien sehr verständlich und überzeugend.

Franz Brandl

Cocktails

Die 1000 besten Drinks mit und ohne Alkohol

Dieses Buch ist der absolute Renner unter den Cocktail-Büchern. Alles drin, was Anfänger und Fortgeschrittene interessiert. Viele Hintergrund-infos übers Shaken und Mixen, zu Gerätschaften, über Fachvokabular, zu den Spirituosen, dazu viele Rezepte, eine klasse Struktur und prima Aufmachung.

Oliver Gorus, Joachim Zoll

Erfolgreich als Sachbuchautor

Gekonnt publizieren – von der Buchidee bis zur Vermarktung

Wenn Sie selbst ernsthaft mit dem Gedanken spielen, ein Fach-, Sach- oder Ratgeber-Buch zu schreiben: Fangen Sie nicht an, bevor Sie diesen großartigen Ratgeber gelesen haben. Hier finden Sie (bis aufs Texten) alles, wirklich alles, was Sie zum Konzipieren, Schreiben, Publizieren und Vermarkten eines Sachbuchs wissen, verstehen und anwenden können müssen. Für mich war's eine Offenbarung.

Danke

sagen möchte ich all jenen, die mich bei der Entstehung dieses Buches unterstützt haben. Allen voran manchem Freund und mancher Freundin und den Teilnehmern meiner Vorträge, Seminare und Coachings, deren Erfahrungen ein entscheidender Anstoß für dieses Buch waren. Weitere Riesendankeschöns gehen an:

Ute Flockenhaus

Eine bessere Betreuung seitens eines Verlages halte ich für völlig undenkbar. Viele Ideen, viel Herzblut, viel Professionalität, viel Mut (mal ein »anderes« Buch zu machen). Und alles begann mit einem flotten Tänzchen ☺. Nie genervt, wenn ich mit Tausenden kleinen Zwischenfragen daherkam.

GABAL

Danke für die Bereitschaft, auf dieses Buch zu setzen. Für die prominente Vorstellung des Buches in der Vorschau. Und für die Chance, als einziger Autor mein Buch auf der Vertretertagung vorzustellen. Ein ganz besonderer Dank an Ursula Rosengart für ihre Kooperationsbereitschaft hinsichtlich einiger Vermarktungsideen. www.gabal-verlag.de

Martin Zech

Für seine superkreativen Gestaltungsideen und das tolle Layout. Und Danke für die Geduld, auch noch den zwanzigsten und einundzwanzigsten Coverentwurf zu machen.

Birgit Bernt

Seit Jahren designt, fotografiert und programmiert sie alle meine Unterlagen, von der Visitenkarte über die Imagebroschüre bis zur Website. Die meisten Bar-Fotos im Buch kommen aus ihrer Nikon. Und überhaupt ist sie meine beste Freundin.

Oliver Gorus

Ohne seine konzeptionelle Beratung in der Startphase wäre das Buch nie in eine solche Richtung gegangen. Ein leidenschaftlicher und hochkompetenter Sparringspartner, der mich während des gesamten Projekts immer wieder gefordert und inspiriert hat. Danke auch an sein Team, das mich bei der Auswahl des Verlags prima unterstützt hat. www.gorus.de

Timo Wuerz
Für die hilfreichen Tipps bezüglich des Story-Designs. www.timowuerz.de

Stephan Hinz/Shepheard
Barkeeper von Gottes Gnaden in Kölns (Deutschlands, der Welt) bester Bar, dem Shepheard. Im Juni hat er sich in Paris beim globalen Finale des derzeit weltweit wohl anspruchsvollsten Bartender-Wettbewerbs G-Vine Gin in Paris durchgesetzt und den ersten Platz gewonnen. Wow!! Und mich hat er in die Welt des Bartendings eingeführt. Außerdem er hat für mich einen grandiosen Riesling-Cocktail gezaubert. Das Rezept gibt's unter www.shake-your-life.de. Die meisten Fotos im Buch haben wir bei und mit ihm im Shepheard geschossen. Unbedingt hingehen, wenn Sie mal in Köln sind. Oder allein deshalb mal hinfahren! Hier habe ich im vergangenen Jahr einige meiner schönsten Abende verbracht.www.shepheard.de

Wolfgang Merz
Es gibt keinen Menschen auf der Welt, bei und von dem ich so viel gelernt, erfahren und erlebt habe wie bei ihm. Viele der autobiographischen Episoden in diesem Buch würde es ohne ihn nicht geben. Es waren sehr schwierige (Entwicklungs-)Phasen dabei, in denen ich ihn manches Mal verflucht habe. Heute weiß ich, wie wichtig sie waren. Als Trainer und Therapeuten stelle ich ihn auf einen Sockel. Und ich freue mich sehr, in ihm auch einen Freund und Mentor gefunden zu haben. www.merz-training.de

Andrea Kremser, Lars Kötter und Lorenz Illing
Meine drei Mitarbeiter, die mir immer wieder Feedback gegeben und mich in vielen organisatorischen Dingen rund um dieses Buchprojekt unterstützt haben. Abgesehen davon macht es mir sehr viel Freude, mit diesen drei völlig unterschiedlichen Menschen auf so engem Raum zusammenzuarbeiten.

Meine Eltern

Haben Sie Ihren Eltern schon mal Danke gesagt für alles, was sie für Sie getan haben? Ich möchte diese Gelegenheit hier nutzen, euch beiden aus tiefstem Herzen zu danken. Ich weiß, ihr liebt mich. Ich weiß, ihr *würdet* alles – wirklich alles! – für mich tun. Und ihr *habt* schon wahnsinnig viel für mich getan. Ihr wisst, was ich meine. Nicht zuletzt habt ihr meine wichtigsten Entscheidungen immer mitgetragen und mich machen lassen, auch dann, wenn ihr etwas anderes für richtiger hieltet. Danke!

Meine Familie

Ich will an dieser Stelle nicht allzu sentimental werden, deshalb nur so viel: Ohne meine vier Kinder und meine Frau wäre ich wahrscheinlich auch heute noch stark gefährdet, dem Job allzu viel Zeit und Bedeutung zu schenken und aus der Balance zu geraten. Ich weiß, wie das ist. Und heute ist es viiiiel besser.

Und dann danke ich noch denen, die dazu beigetragen haben, dass ich auch schwierige Erfahrungen machen und einige handfeste Krisen erleben musste. Oder durfte? Denn es gibt ja bekanntlich nichts Schlechtes, das nicht auch etwas Gutes hat. Wer weiß, ob ich sonst z. B. dieses Buch geschrieben hätte? Auf jeden Fall würden einige wichtige Szenen fehlen. Und ich habe aus diesen Krisen viel gelernt. Mich haut heute so schnell nichts mehr um.

Über den Autor

Ralph Goldschmidt ist Redner aus Leidenschaft und Experte für nachhaltige (!) Spitzenleistungen: für berufliche Leistungsoptimierung UND private Lebensqualität, für Höchstleistungen UND Wohlbefinden, für Arbeitskraft UND Lebenslust.

Ralph Goldschmidt, Jahrgang 1963, hat Volkswirtschaft, Internationales Management und Sportwissenschaften in Köln und Mailand studiert. Er lehrt an mehreren Universitäten, Hochschulen und Akademien und ist Professional Member der German Speakers Association (GSA) und der Global Speakers Federation (GSF). Er gründete und leitete erfolgreich zwei Unternehmen und brachte als Executive Coach und Trainer zahlreiche (Top-)Führungskräfte in ihrer beruflichen und persönlichen Entwicklung voran. In den Medien ist er ein gefragter Interviewpartner. Bis heute hat Ralph Goldschmidt in seinen Vorträgen viele tausend Menschen berührt, bewegt und begeistert.

Zu seinen Kunden zählen die meisten DAX-30-Unternehmen, namhafte Mittelständler, zahlreiche Verbände und renommierte Global Player, darunter Airbus, Allianz, Bayer, BVMW, Commerzbank, Daimler, Dell, Deloitte, Deutsche Bank, Douglas, Dyson, E.ON, ERGO, Evonik, Fraport, HDI Gerling,

Henkel, IBM, Johnson & Johnson, KPMG, Linde, L'Oréal, Lufthansa, Obi, Porsche, Puma, PWC, REWE, Vodafone, Würth, Universität zu Köln, ZDF uvm.

Soweit die Erfolgsstory. Aber es gab auch die Schattenseiten – die man weniger gerne zeigt, lieber verdrängt, die aber für viele so typisch sind: Stress, psychosomatische Beschwerden, Depression, Schuldgefühle, Insolvenz, Scheidung, Sinnkrise ... Ralph Goldschmidt weiß, wovon er redet. Heute lebt der vierfache Vater »in Balance« in Köln.

»Ralph Goldschmidt schafft es in seinen Vorträgen, Menschen wirklich zu bewegen. Er hält ihnen auf charmante und unterhaltsame Art den Spiegel vor, gibt inspirierende Impulse und lebt selbst vor, was er zum Besten gibt.« Prof. Dr. Markus Warg, Mitglied der Vorstände, Signal-Iduna-Gruppe

»Vielen Dank für den kurzweiligen Abend. Ich habe bei diversen Unterhaltungskünstlern ohne den Begleiteffekt der Nutzengewinnung vielfach deutlich weniger Spaß gehabt.« Th. Goyert

»Was ihn auszeichnet: sein humorvoll-mitreißender Vortragsstil, seine Glaubwürdigkeit sowie seine Gabe, hochrelevante Inhalte kompetent UND unterhaltsam zu vermitteln.« Speakers Excellence

»Kurzweilig, tiefgründig, witzig, aufrüttelnd.« ManagementCircle

www.ralph-goldschmidt.de

Abbildungsverzeichnis